いまこそ「経済学の冒険」を語る

本を読み、文章を書く

塚本恭章

読書人

まえがき

本書『いまこそ「経済学の冒険」を語る――本を読み、文章を書く』は、2023年9月に刊行された拙著『経済学の冒険――ブックレビュー&ガイド100』(読書人)の存在をもっとより身近に感じてもらえるよう願って企画された、拙著のためのいわば「副読本」です。分量そのものは縮小しながらも、拙著の趣旨や内容面でのエッセンスは、むしろいっそう凝縮する形で提示することを心がけています。

『経済学の冒険』は、100冊をこえる書籍の書評を中心として編纂された「書評集」ですが、学問としての経済学において重要なトピックス――市場と貨幣、資本主義と社会主義、経済思想と経済学説など――を私なりに盛り込んでもいます。その結果として、拙著は650頁をこえる大著になっており、学部学生が、『経済学の冒険』を通読ないしは読破することはなかなか難しいことが、刊行後、あらためて分かってきました。たとえていえば、現在の「一輪車」状態から、副読本を刊行して「二輪車」状態にすることで、『経済学の冒険』がふたたび少しずつ動いていくことをひそかに期待しています。その意味でこの副読本は、大著への「橋渡し」の役割を担っていると私は思っているのです。経済学を学ぶ初学者のための配慮と学習環境の年々の改善を想定しながら、現代を代表する世界的経済学者であるジョセフ・スティグリッツが執筆したミクロ・

マクロ経済学のテキストには、そのテキストをよりよく理解するための〈スタディ・ガイド〉というものがセットで刊行されていることと、少し似ているかもしれません。

新たな本書『いまこそ「経済学の冒険」を語る』では、計5つのパートを用意し、前作『経済学の冒険』の世界へうまく誘うことができるよう読者に働きかけています。いうまでもなくここでいう「読者」には、世代をこえた多様な人々が念頭に置かれていますが、最大の狙いは大学の学部学生であることは正直に告白しておかねばなりません。「自著紹介」や「対談」なら読みやすく、「書評」も8本ならば最後まで読み切ることができるのではないか。評者と著者のやり取りをつうじた「往復書簡」という形式は、学生諸君には新鮮に映るのではないだろうか。著者である私は、『岩井克人「欲望の貨幣論」を語る』(東洋経済新報社、2020年)をあらゆる講義系科目のテキストとして活用しており、この書についての私の論考は、岩井「欲望の貨幣論」に対するよりいっそうの理解を深める教材となるだけでなく、「論考から本そのものへ」という意味での橋渡しが、実際のところ、本書の一節で明確に示されてもいます。これらをつうじて、副読本である『いまこそ「経済学の冒険」を語る』から、『経済学の冒険』に進んでくれる学部学生が少しずつでも増えれば嬉しい限りです。

本務校の愛知大学において、「経済学史」や「社会思想史」、「経済学入門(旧カリキュラムの名称は「市場経済とくらし」)」などの講義系科目を担当している著者にとって、経済学という学問のきわめて大きな魅力と潜勢力は、「経済学」という学問そのものがまさに「冒険」と「格闘」の歴史にほかならないということです。経済学の世界をめぐるそうした「冒険」性や「格闘」性のモーメントにしっかりと触れていくことで、偉大な経済学者たちの息遣い、時代の鼓動や躍動性とその歴史的産物である経済学のダイナミックな運動形態のあり方を、いっそうぐっとリアリティをもってイメージし、そしてまた体感できるのではないでしょうか。

最後ですが、本書『いまこそ「経済学の冒険」を語る』という題名の由来について簡潔に触れておきます。「いまこそ」という表現は、吉川洋先生のかつての著書『いまこそ、ケインズとシュンペーターに学べ』（ダイヤモンド社、2009年）をイメージしています。それは、学問としての経済学がある種の閉塞感に陥っていることへの危機感を念頭に、「経済学の冒険」という知的営為が、まさにいまこそ必要ではないかという明確な意思の表明でもあるのです。「語る」という表現は、岩井克人先生のかつての著書『資本主義を語る』（講談社、1994年）にちなんで付けられたものです。そこで岩井先生はこう述べておられます。「本書の題名は『資本主義を語る』である。それを構成する講演もインタビューも対談も、なんらかの意味で『資本主義』について語っている。だが、より重要なのは、それらが『語られた』ものであるということだろう」と。

いうまでもなく水野和夫先生や吉川洋先生、岩井克人先生との「対談」、そして栗田健一さんとの「往復書簡」は、「語る」・「語られた」ものであり、じつは「書評」という営みそのものが、著者と評者と読者とのあいだにおける共同作業の円環をなしているのです。本書に再掲した西部忠先生による『経済学の冒険』への書評がその一例です。最後に所収されている論考も、岩井先生自身が「語る」欲望の貨幣論について、それを今度は私自身が「語り直す」ことをつうじて、いわば「語られた」ものへと変換していく双方的な意味合いをいっそう増すことともなっているのです。

したがってこの新たな本書は、『経済学の冒険』と「経済学の冒険」という二重の内容を「語る」作品になっているのです。

塚本恭章

目次

第一章　自著を語り直す

――『経済学の冒険』のスケルトン

◉最初の章「第一章　自著を語り直す」は、吉川洋先生（東京大学名誉教授）との対談のために執筆された草稿がもとになっています（対談は2023年9月13日、財務省財務総合研究所・名誉所長室にて実施）。自著の問題関心とそのルーツを語り直すためには、まさに「語り直す」ための「対談」者にむけて発信するのがとても効果的です。私が本章で吉川先生に投げかけている数多くの問いそのものは、必然的に私自身にも向けられているのです。対談者である吉川先生を「媒介」とすることで、自著そのものをより内在的に把握し俯瞰視することが可能になるのではないでしょうか。

『経済学の冒険』刊行にあたって

『経済学の冒険』という「自著」を語り直す場合、そのすべてをありのままに「語り直す」ことは不可能であり、また有意義でもありません。本章は、自著全体の要約的な解説をするのではなく、本書の基礎となっている問題関心の「スケルトン（骨格）」を析出してみたいと思います。ここでの論述内容は、のちの各章に読者を誘う骨太なる翼となるでしょう。

＊

吉川洋先生と対談する機会を得たことは、とてもありがたいことです。

のちの「第二章　対談をつうじて」でも述べていることですが、2023年5月末の「経済学史」の講義で、吉川先生の『いまこそ、ケインズとシュンペーターに学べ』（ダイヤモンド社、2009年）の「帯」をふくむ表紙カバーのコピーを配布し、本書の特徴などについて受講学生に話をしているときに、「対談相手を吉川先生にお願いすることはできないだろうか」と、突然ふと思ったのです。ただ、お願いしてもよいものなのか、じつはだいぶ悩みました。すでに吉川先生には、『経済学の冒険』の「帯推薦」の文章を書いて戴いていたからです。

こうしてお願いすべきか逡巡しながらも、数日後には私の考えをまとめて、メールをお送りしたところ快諾していただくことができました。春学期の授業では、シュンペーターとケインズという二人の経済理論家に焦点をあてています。**この講義構成案を２０１１年の本学赴任時からずっと継続しているのは、吉川先生の上記の著書からの影響です。**そのため、授業中でのひらめきは偶然でなく、むしろ必然だったのかしれません（１年次のオムニバス方式「経済学への招待」でも、私のテーマは「ケインズとシュンペーター：貨幣と革新の経済思想史」になっているのです）。

『経済学の冒険』のプロローグでも述べていますが、私が一般紙に書評し始めてから間もない頃、吉川先生の『いまこそ、ケインズとシュンペーターに学べ』に書評する機会を得ました。書店でたまたま出会ったのですが、当時の「図書新聞」編集長に書評の件を申し出たところ、快く承諾していただけました。吉川先生は、「図書新聞」に掲載された私の書評を高く評価されました。その評価こそが、「書評」というものを長く続ける大きな原動力になったといえるでしょう。**吉川先生は一般紙に書いた私の書評を、まさに最初に評価してくださった研究者であったのです。**吉川先生と東大の研究室でお会いしたのは、２００９年6月16日。あの日から15年以上の月日を経ていることに、ある種の驚きを覚えます。

『経済学の冒険』は当初、「１冊１０００字で１００冊レビュー」というプランでした。ただ、これまでの書評を１０００字に縮小することには大きな困難がともないます。足りない冊数を補うために新たに書評していくとなると、多大な時間も要することとなってしまい、永久に終わりません。そこで、これまでの書評は基本的にそのまま活用することにし、60冊のブックレビュー（書評）と40冊のブックガイドを合わせた「ブックレビュー&ガイド100」として刊行するプランへと変更しました。こうして、ようやく本書の作業が具体的に進んでいくことができたのです。

２０２２年9月に父が死去し、恩師の一人の伊藤誠先生（東京大学名誉教授）も２０２３年の2月に他界されました（追悼文は、『経済学の冒険』特別編のなかに所収されています）。伊藤先生の遺著『資本論』と現代世界――マルクス理論家の追憶から』が、私の初の単著『経済学の冒険』と同じ２０２３年9月5日の刊行というのも何かの縁を感じます。

本を読んで、書評する

東大「吉川研究室」は小さな図書館

２００９年6月16日にご一緒にランチをする約束をし、東大の吉川研究室を訪問したときのことが、今でも鮮明に私の記憶に残っています。入室するなり、研究室には、まさに「本、本、本」、「本の山！」です。吉川先生のデスクに辿り着くまで、そーーっと本を背中越しにしながらゆっくりと歩かないといけません。ここはまるで「小さな図書館だな」、そう思いました。研究のために必要な本という事情も当然のことながらあるはずですが、それ以上に、吉川先生にとって本というものは生きていくうえでの大きな活力になっているのではないか、そう強く感じたのです。しかもその本は、けっして「経済学」分野に限定されていないのです。

たとえば「日本経済新聞朝刊」2020年4月4日の「リーダーの本棚」のインタビュー記事を読むと、吉川先生の座右の書は、ケインズ『雇用・利子および貨幣の一般理論』。愛読書には、大内力『国家独占資本主義』や宇野弘蔵『経済原論』など、マルクス経済学の文献も入っているのがとりわけ印象的です。**記事の最後には、「読書は私にとって人生の一部といえるほど大切です」と述べておられます。**

書評文化を守る

インターネット社会、そしてスマホが大きな情報ツールとして普及した現代、「活字」というものに触れる機会が年々大きく減っています。本のようなスローメディアよりは、スマホで「ググる」ことで瞬時に情報入手できるファストメディアが大きく重視される傾向にあります。とくに若い世代、とりわけ学生などはそうでしょう（生成AIの出現はさらに今後脅威となる可能性が高まっていくでしょう）。「本を読まない」ことは「本を読めなくなる」事態を誘発し、さらには「本を読む必要はない」という間違った通念を生み出しかねません。**母国語の「日本語を学ぶ」**、

「日本語で思考する」ことは、日本人としての基本的なアイデンティティを維持していくうえできわめて重要な意味をもっていると思います。書物や活字に触れないことは、たとえば大学の授業で、「日本語なのに何を言っているのか分からない」学生を量産していく危険性を助長していくのではないでしょうか。実際に大学で授業をしていて、そう感じることが多々あります。経済学の講義内容が難しい以上に、大学生には「日本語そのものが難しい」。それによって、専門用語の多い経済学はいっそう難しくなってしまう可能性があるのではないでしょうか。

『経済学の冒険』は、経済学の著書についての「書評」集です。**吉川先生の「書評は文化だ」という拙著の「帯推薦文」が意味し、含意するものは、ひときわ大きいと私は思っています。**なぜならば、「文化」とは、一人一人の人間自身の地道な知的営為の総体として長い年月をかけて育み培い、維持していくことで初めて「文化」としてしっかり地に根付くものであると思われるからです。逆にいえば、なにもしなければ「文化」というものは次第に廃れていきます。人間が育み守っていくもの、それこそが「文化」にほかなりません。「書評」という地味で地道な作業も、その一環を担うものなのです。あえて自分自身で吉川先生の「帯推薦文」を過大評価させていただくとすれば、「塚本さんの今回の本は、書評という文化をこれからの未来にむけて守っていくことを宣言した書だ」と、言い換えることができるかもしれません。

＊

私が「読書人」などの一般紙にこれまで書いてきた書評は、そのデータベースが未構築という理由もあり、私以外の第三者が検索をつうじて当該書評の存在を知り、それを有効活用することに大きな支障が生じているのが現状です。したがって、私が書いてきた「書評」という「記録」は自分自身で守っていくよりほかないのです。正確な「記録」というものがなければ、「記憶」から次第に消えていくのですから。**『経済学の冒険』は、自分自身の「記録」を「記憶」とともに守るという使命を担っているのだと自負しています。**さらにいえば、日本語で書かれた本・書物を読むことの大切さを薦める、私なりの「ひとつの実践」にほかなりません。とりわけ経済学部の学部生、あるいは経済学部への進学を考えている高校生らに手に取ってほしいと思っています。

講義のなかで大学生に「本を読むように」というのは、とても簡単なことです。「言うは易し」です。ただそれ以上に、教員みずからが「アクション」で示せば、そのインパクトは学生の意識と行動を「変える」可能性があります。あくまで「可能性」ですから、なにも変わらない可能性だってありえます。実際のところ、「本を読むことが好き」という学生は、今もそれなりに存在しています。『経済学の冒険』が、彼ら・彼女らの背中を後押ししてくれることをぜひとも期待したいところです。

選書ってやっぱり難しい？

選書の基準とは

数多く刊行されている本のなかから「選書」するということは、「選ばない本」があるということです。書評を続けていくと、一度も読んだことのない著者の本を選ぶことは、最初は心理的な抵抗がともないます。著者による今回の新刊が、それまでの既刊書と比べてどこがどう違うのか、どこに新たな貢献があるのかをしっかり読み込めないと、よい書評が書けないからです。しかし一度「選書」して「書評」し、知的関心をもつことができた場合、その著者のその後の新刊にもおのずと注目できるようになります。こうやって、「読書の幅」が少しずつ広がっていくのだと思います。「選書の基準」でいえば、やはり「本のテーマ」に自然と導かれていきます。

「大きな問題」には「古典」が不可欠

『経済学の冒険』は、主に第4章までで、四つのテーマを選定しています。そのなかでも、第1章「市場と貨幣」と第2章「資本主義と社会主義」は、経済学における主要学派のすべてが中心的論点としてみなしてきたものです。したがって、21世紀における「大きな問題」として、引き続き検討されていくべき性質をもっていると考えられます。

第1章「市場と貨幣」での、岩井克人先生と西部忠先生の「貨幣論」には共通点がありながらも、相違点もまたきわめて顕著です。むしろ後者のほうが際立っているといっても過言ではありません。オーストリア学派のハイエクによる『貨幣発行自由化論』（１９７６年）の提案を否定する岩井先生に対して、それこそを理論的根拠にしながら貨幣の多様性論を強調する西部先生とでは、ハイエク評価が１８０度逆方向に位置しています。さらにその論理的帰結は、第２章のテーマ「資本主義と社会主義」の理論的理解とそこからのオルタナティブの可能性についての評価の違いにも明確に立ち現れてきています。こうして「貨幣論」の違いが、「市場理論」の違いをへて、「資本主義論」の違いにもなっているのです。

では、競合しあう学問的状況に常に直面し続けている社会科学としての経済学は、どうするべきなのでしょうか。今後、どうなっていくのが望ましいのでしょうか。両者、あるいは第三者を媒介として「議論」なり「対話」なりが生じうることによって、「貨幣論」や「資本主義論」の理解がいっそう深まることが期待されてよいのではないでしょうか。第3章のテーマ「経済思想と経済学説」のサブタイトルに、「競合性と多様性のはざまで」と付けておいたのは、こうしたスタンスの重要性をはっきりと表明するためです。『経済学の冒険』は、こうした問題喚起をも含み込めて本書全体が展開されています。すでに解決済みの問題ではなく、むしろ今なお未解決ともいうべき「大きな問題」をも炙り出しているのです。

＊

こうした論点に対して、吉川先生はどうお考えになるだろうか。吉川先生の場合、「理論」研究と「現実」分析とを明確に架橋させ、いわゆる「経済学学」を突破しうる道筋をずっと模索されています。岩井先生や西部先生と同様に、「経済学の古典」をきわめて尊重されてもいる。

2012年7月「読売新聞」朝刊のインタビュー記事で、岩井先生は「他の人と異なりたかったら、逆説的だが、百年、千年と生き残ってきた古典を読むべし。……もはや古典しか、創造力を生み出す源泉はない」といわれています。さらに続けて、こうもいわれている。「**古典の読書や純粋理論の研究などは、一見すると無駄だ。だが、想定外の事態**（たとえば2011年3月11日の東日本大震災——塚本補記）**が起こってしまった時に、動じない見識を持ち、的確な判断をするには、まさに古典や理論しか頼るものはない**」。ケインズの『一般理論』やシュンペーターの『経済発展の理論』をふまえ、『いまこそ、ケインズとシュンペーターに学べ』で吉川先生が強調されている基本精神こそは、岩井先生のそれと見事に合致しているはずです。なぜならば、2008年には世界金融危機であるリーマン・ショック、そしてその後の2020年以降には、新型コロナウィルスのパンデミックという未曾有の人類史的危機に、われわれは直面することになったからです。「大きな問題」に挑むために「古典」は欠かせない。では、「古典」をどう現代に活かしていけばよいのかという問題もある。ただ、そもそもこれ自体がまさに「大きな問題」にほかならないのです。

「経済学史」から多様な経済学を

「経済学史」の存在意義を問う

『経済学の冒険』の第3章は「経済思想と経済学説」がテーマです。私はいつも初回の「経済学史」の授業で、次のように説明しています。経済学史は「歴史」科目ではなく「理論」科目であり、経済学における競合しあう諸学派の歴史的発展の系譜を跡付けるにとどまらない意義をもっていると。簡単にいえば、暗記科目ではないということです。「歴史」という言葉がつくと、どうしても過去の学説や思想を時系列的に振り返るものであり、そこには概して「古い」という固定観念がともないがちです。**経済理論・経済思想の時代性や歴史性は重要視しながらも、経済学史を「理論科目」として明確に位置づけることで、「経済学史」は「経済学」そのものを反省（内省）できる学問となり、それによって、はじめて未来志向的な議論が可能になると考えられるからです。**

とはいっても、経済学教育カリキュラムのなかでも、「経済学史」や「社会思想史」のような科目の重要度が高いとはいえないのが現状であり、むしろ縮小・排除されていく傾向さえ見受けられます。「マルクス経済学（経済原論）」の不要論も加速化しています。そこには、「時代の流れ」

という不可避的で悲観的な見方もありえます。だが、そうした外在的な要因に事態の本質を帰着させるのではなく、**たとえば、「理論家」にも関心をもってもらえる「経済学史」のあり方を探究することのほうが、ずっと生産的ではないでしょうか。それによって、「経済理論」と「経済学史」のお互いが排他的な研究領域とはならず、経済学の多様性や競合性を堅持することそのものも許容し合えるのではないでしょうか。**では、そのような「経済学史」のあり方のための方法はあるのでしょうか。

*

ひとつの有力な試みの成果は、吉川先生の『いまこそ、ケインズとシュンペーターに学べ』に結実しているのではないかと思います。

なぜならば、そこには、時代性と時代の問題、そして現代の問題との関連を明示的に意識しながら、ケインズとシュンペーターの経済学を有機的に統合するという「経済学史」研究をつうじた「経済理論」の発展をめざす試みが展開されているからです。それによって、「マクロ経済学」とはどういうものであるのか（同様に「マクロ経済学」とはどういうものでないのか、たとえば「新古典派的な」マクロ経済学との違いなど）を、ケインズの「有効需要の原理」の理論的・現代的意義とあわせて理解することができるからです。ケインズの経済理論における欠落部分（たとえばシュンペーターが強調した「イノベーション」という観点）も明確になることでしょう。「**資**

本主義」というもののあり方そのものが強く問い直される必要性がある現在において、まさに「資本主義」そのものに真正面から挑んだケインズとシュンペーターの経済理論は色褪せるどころか、むしろ輝きを増しているはずです。ケインズがみずからの経済理論の中心に据え置いた「貨幣」や「期待」、「不確実性」、「歴史的時間」などの諸概念は、今なお大きな現代的意義をもっているのです。シュンペーターの「イノベーション（の理論）」も同様です。

　私は今回、『経済学の冒険』を刊行する際、『いまこそ、ケインズとシュンペーターに学べ』を読み直してみました。本当にとても読み応えのある作品です。ケインズとシュンペーターの主要著作を丹念に概説しながら描き出される世界こそは、まさにケインズのシュンペーターによる「経済学の冒険」にほかならないと強く実感することができました。吉川先生の見事な筆致が、読者を「経済学の冒険」という雄大な旅に心地よく誘ってくれるのです。ケインズとシュンペーターの偉大さと彼らの経済学の理論的魅力はもちろんのこと、ケインズとシュンペーターがお互いにどのように意識し合っていたのか、いなかったのかという人間関係そのものにも強く興味を惹かれました。

　とりわけあらためて強く印象に残ったのは、**ケインズとシュンペーターという二人の天才経済学者のあまりに多くの「際立った対照性」についてでした。「共通項」は、二人が「経済学の中心地に学んだ」こと、吉川先生が「栴檀《せんだん》は双葉より芳し」といわれるように、二人が「生まれなが**

らにして類まれなる優れた頭脳」をもっていたという事実でしょうか。ケインズとシュンペーターの経済学とそこに反映されている経済についてのビジョンの「際立った対照性」にもかかわらず、「需要の飽和」の一点で両者の経済学が交叉することを見いだし、それを理論モデルとして精緻化するという吉川先生の研究プログラムの潜勢力には感動すら覚えました。いや、むしろケインズとシュンペーターが１８０度異なる経済学を展開していたからこそ、交叉可能な一点が明確に浮かび上がってきたのであり、ケインズとシュンペーターが「生きている」というのは、現実の経済の本質を見抜いた二人のビジョンそのものなのでしょう。

もうひとつの有力な方法は、岩井克人先生による『経済学の宇宙』（日本経済新聞出版社、２０１５年、文庫版、２０２１年）や『岩井克人「欲望の貨幣論」を語る』（東洋経済新報社、２０２０年）で詳述されているように、**経済学史における「思考」の基本的対立構造——「経済学的思考」対「不均衡動学的思考」——を析出し、これまでの「経済学の歴史」のなかで抑圧され抹殺されてきた思考や原理を復活させると同時に、それとは逆に、葬り去られるべき思考や原理を峻別するというものです。**

いわゆる「経済学的思考」に対応するのがアダム・スミスやフリードマンらの「新古典派的な資本主義論」、「不均衡動学的思考」に対応するのがヴィクセルとケインズらを始祖とする「不均衡動学派的な資本主義論」であり、いうまでもなく両者は明確な対立関係にあるわけです。岩井先生によれば、アダム・スミスの『国富論』の刊行以降の古典派・新古典派経済学においては、「貨幣の自己循環論法」と「利潤の差異原理」が抑圧されてきたのであり、それらを中核的思考・原理とする「貨幣論」と「資本主義論」こそが正しい「経済理論」として、「経済学史」のなかにはっきりと位置づけられなければならないのです。**経済学における「貨幣」と「資本主義」についての理論的かつ批判的思考そのものが、実際のところ、「経済学」のあり方を規定するのであり、上記の繰り返しになりますが、「経済学史」があるからこそ、経済学という学問は真に「反省的」な学問になりうるのです。**学問をめぐるこうしたスタンスが、主流派経済学批判と軌を一にしていることはいうまでもありません。主流派批判の主要内容は、ケインズとシュンペーターの経済学をどう捉え直すべきかというテーマと、じつは表裏一体の関係にあると考えられます。

主流派経済学批判をめぐる岩井と吉川——ケインズとシュンペーターのいま

主流派経済学批判をめぐる吉川先生と岩井先生の共通点と相違点についての詳細も、ぜひ吉川先生にお聞きしてみたい興味深い論点です。

二人は、ともに米国大学院で主流派の新古典派経済学をマスターされたのち、主流派経済学そのものを批判する研究プログラムに積極的に従事されるようになりました。岩井先生は、7年かけて『不均衡動学』（英語版1981年、日本語版1987年）を完成させ、2021年の『経済学の宇宙』文庫版の巻末「補遺」として、「『不均衡動学』の現代版に挑む」を新たに収録されています。そこで、「1981年に出版された『不均衡動学』は、経済学の宇宙には何の波紋も引き起こしませんでした」[*1]と回顧されていますが、岩井先生の理論研究の原点は、今なお主流派マクロ経済学批判としての『不均衡動学』であり、それこそが自由放任主義的資本主義の不可能性を理論的にあきらかにする基礎なのです。その後の「シュンペーター経済動学」にもとづく「資本主義論」、「貨幣論」などの純粋理論研究も、「不均衡動学」との体系的な整合性を意識して推進されたものです。

吉川先生自身もまた、長らく「新古典派マクロ経済学」を根源的に批判し、「統計物理学」の手法を採用したマクロ経済学の新たな再構築に尽力されてきておられる。フリードマンやルーカス、プレスコットらによる新古典派の理論的革新[*2]にもとづく「ケインズ反革命」(とりわけプレスコットらの「実物的景気循環理論＝リアル・ビジネス・サイクル理論」について吉川先生は、「新古典派的なマクロ経済学の終着駅」であると表明されています)は、ケインズの経済学を粉砕しただけでなく、マクロ経済学を無用化するものでもあったのです。1970年代以降のマクロ経済学の歴史を総括すると、まさにその30年間においては驚くべきヒューマン・リソース(人的資源)の浪費がなされたというわけです。**2023年1月31日号の『週刊エコノミスト』に掲載された吉川先生の**

1　岩井克人(聞き手＝前田裕之)『経済学の宇宙』日経BP・日本経済新聞出版本部、2021年、614頁。

「経済学を不毛な知的遊戯に変えた『ルーカス批判』を批判する」という文章のタイトルそのものに、これまでの批判的な問題意識のほとんどすべてが集約されています。吉川先生によるこうした一連の重要な指摘の意味を、あらためてしっかり理解し直すことが欠かせないであろうと思います。

ケインズが『一般理論』で構築した経済学は、「有効需要の原理」をコアとする正真正銘の「マクロ」の経済学であり、ケインズ自身が批判した新古典派経済学の「特殊理論」ではありえない。吉川先生は『いまこそ、ケインズとシュンペーターに学べ』において、ケインズがドイツ人経済学者であるシュピートホフの60歳記念論文集に寄せた文章は「生産の貨幣的理論」（1933年）と題するものであり、**「景気循環や恐慌を説明するために必要なのは『貨幣経済』の理論である。ケインズがいう『貨幣経済』では貨幣が実体経済に大きな影響を与える」**[*3]と述べておられます。「古典派の二分法」の否定です。ケインズの経済学は「貨幣的」市場経済の理論にほかならず、貨幣（ないしは流動性選好）が究極的な要因となって、貨幣から利子率そして投資（と消費）をへて、有効需要こそが生産・雇用水準を決定します。「供給がそれみずからの需要を生み出す」というセー法則にもとづく古典派・新古典派経済学では、「S（供給）→D（需要）」という決定の因果関係であったのに対し、「有効需要の原理」にもとづくケインズの経済学では、まさに「D（需要）→S（供給）」というように、それをまったく「逆転」させているのです。

フリードマンの「自然失業率」仮説やプレスコットらの「実物的景気循環理論」は、「自然」や

「実物」というタームが端的に象徴しているように、「生産の貨幣的理論」を強調したケインズの思想そのものを一掃するものです。『いまこそ、ケインズとシュンペーターに学べ』に記載されているケインズ自身の主張をふまえていえば、「経済全体の総需要、有効需要の理論は100年以上まったく無視されてきた」[*4]という、まさにその新たな視点に立脚して構築されたケインズマクロ理論を新古典派ミクロ理論に包摂しようとするものといえるでしょうか。岩井先生の表現をかりれば、経済学における「存在の一義性」を「存在の二義性」へと転換させたケインズの試みを、

2　私の春学期「経済学史」で活用している、ジョセフ・スティグリッツ『マクロ経済学』（第二版、藪下史郎他訳、東洋経済新報社、1995年）の第1部2章「マクロ経済学の考え方」には、次のような分かりやすい説明があります。ミルトン・フリードマンの「マネタリストは、市場は、介入を受けなくても、長期にわたって資源を遊休化させない十分な力を持っていると考えた」のであり、フリードマンの思想を推進させたロバート・ルーカスらは「新しい古典派経済学者」と呼ばれています。なぜならば、「彼らの考え方は、競争市場においてはすみやかに完全雇用経済が回復すると論じていたケインズ以前の古典派経済学者たちが持っていた考え方と共通していた」からです。さらにエドワード・プレスコットらが1980年代以降に主導していった「実物景気循環論（リアル・ビジネス・サイクル理論）」によれば、ケインズが重視していた「貨幣は何らの影響を持っておらず、経済の状態は、発明とか干ばつなどの実物的な力によってだけ決められる。つまり彼らは、景気循環を引き起こすのは、こうした実物的ショックだけであると考えた」のです。

3　吉川洋『いまこそ、ケインズとシュンペーターに学べ――有効需要とイノベーションの経済学』ダイヤモンド社、2009年、113頁。

4　同書、151頁。

ふたたび「存在の一義性」へと振り子を戻してしまったのが「新古典派の理論的反革命」にほかならないのです。*5

さらにいえば、「マクロ経済学のミクロ的基礎づけ」にもとづくシュンペーター経済理論のモデル化も活発化していきましたが、**「産業」や「セクター」の概念が欠落し、最適化する経済主体である「企業」の「対称均衡」を仮定して構築されたほとんどのシュンペーターの理論モデルは、シュンペーターの精神とはまったく無縁であり、理論家のたんなる知的遊戯にすぎないとも吉川先生は主張されています。***6 理論モデルの構築によって本来説明すべき内容がすでにモデル構築の前提として「仮定」されてしまっているならば、そうした作業は無意味であり、それこそまさに「経済学学」の典型的事態にほかならないからといえるからです。

いうまでもなく、「経済学」とは現実の「経済（現象）」を理解し解明するための学問であり、経済学者の基本的任務は、その理解と解明を「より深める」ために貢献することなのです。シュンペーター自身は資本主義経済の「本質」を理解し、それにもとづく「経済発展」現象の解明に挑みました。「シュンペーター経済学」がいまや「シュンペーター経済学学」へと姿態を変え、ケインズ理論と同様に無益な作業が反復され続けているようです。**このような経済学の理論研究のあり方そのものは、単なる経済学の分析的ツールや方法論が装いを新たにしたことにともなう論理的帰結というよりは、学問としての経済学が何のために存在するのかという根本問題の見直しを**

迫るものでもあるのではないでしょうか。したがって、「経済学史の存在意義」を問い直すことは、こうした論点とも密接に関連しあっているではないかと、私には強く感じられるのです。

話を戻しましょう。主流派経済学批判についての吉川先生と岩井先生というテーマにおいて、私自身が関心のある論点をいえば、「貨幣の自己循環論法」は貨幣についての「もっとも基本的な真理」であり、「利潤の差異原理」はあらゆる資本主義の諸形態（商業資本主義、産業資本主義、ポスト産業資本主義）について妥当しうる「資本主義の基本原理」にほかならないという岩井貨幣論・資本主義論を、吉川先生自身はどのように把握されておられるのかというものです。**岩井貨幣論・資本主義論は、実際のところ、主流派の新古典派経済学への批判にとどまらず、マルクス経済学への批判ともなっているからです。「シュンペーター経済動学」とそれにもとづく「資本主義論」はマルクス剰余価値論を相対化し、「貨幣論」はマルクスの労働価値論を棄却するものとな**

5　岩井克人＋三浦雅士『資本主義から市民主義へ』新書館、2006年、194頁。いわゆる「存在の二義性」とは、貨幣と商品とがまったく次元を異にする存在であることを強調する考え方です。近代以降、貨幣と商品がまさに同じ平面に並ぶことになり、商品（ないしは実物）の世界がすべてであり、貨幣は、商品の世界に従属するたんなる交換手段、たんなる商品価値の記号にすぎないとみなされるようになったのです。岩井先生はこのことを「貨幣の忘却」として説明されています。

6　吉川洋『いまこそ、ケインズとシュンペーターに学べ——有効需要とイノベーションの経済学』ダイヤモンド社、2009年、182–183頁。

っています。

岩井先生の議論には、「マルクスについての最大の逆説」とよばれる、とても興味深い論点があります。マルクス自身、本来「貨幣のない社会（社会主義）」をめざしていたけれども、価値形態論の展開をつうじて、逆説的に「貨幣の必然性」というものをはからずも証明してしまったというのです（岩井克人『資本主義を語る』講談社、1994年、第5章「マルクスの逆説」）。岩井先生が、マルクスの価値形態論の読み直しをふまえた『貨幣論』や「シュンペーター経済動学」をつうじて見いだされたのは、人間社会の存立における「媒介」の不可避性でした。その後、それは「言語・法・貨幣論」として新たに探究されていきました。

いわゆる「媒介」としての言語も法も貨幣も、人間社会を支えると同時に、人間社会によって支えられているという二重の意味での「社会的」な実在であり、そうであるがゆえに、その崩壊は人間社会の崩壊に帰結しうることになります。ハイパーインフレは貨幣という媒介そのものの崩壊であり、貨幣に基礎づけられた資本主義社会の解体でもあります。岩井先生によれば、主流派の新古典派経済学はまさに「貨幣の忘却」からなる理論体系であり、そのことは結局のところ、「資本主義の忘却」に帰結するのではないかと考えられます。岩井「経済学史」講義の出発点が、古代ギリシャのアリストテレスによる、ポリスと貨幣と資本主義をめぐる根源的思考の再評価であることにもぜひ着眼しておきたいと思います。

「人間の経済」を求めた宇沢弘文

「学問の師」と「書物の師」

第4章は「人間社会と自伝・評伝」です。「学問の師」とは、指導を受けた先生である「人間」です。「書物の師」とは文字通り、自分が影響を受け研究の原点となった「書物」であり、おそらくは一生涯向き合うことになるものでしょう。それは、経済学の「古典」になる可能性が高いかもしれません。私自身は、伊藤誠先生の『経済学からなにを学ぶか』(平凡社新書、2015年)の書評の最後を、「最良の書は最良の師である」という一文で締め括っています。

通常、師となる「人間」と「書物」は一体となっているわけですが、そこには明確な違いもあります。「書物」の場合、そこには時間的・空間的制約がなく、いつでもどこでも「書物」は「師」になれる存在です。経済学の偉人が遺してくれた「古典」はまさにそうであり、書いた著者本人と直接的な対話をすることは永遠に不可能ですが、それでも「書物の師」は厳然と存在し続けることになります。**「人間」としての「師」の場合、なにより難しいのは、「邂逅」という言葉があるように、そのような人と果たして本当にめぐり会えるのかどうか、そして学問的な師弟関係を長期において築くことができるのかということでしょう。**「書物」と「人間」のどちらもきわめて重要であり、学問を継続していくうえで決定的な意味をもっています。ただ「良き師」にめぐり会えるか否かは、運不運もありそうです。以下は、このような観点からの自著の問題関心です。

＊

『経済学の冒険』という主題からみた場合、第4章の最初に書評している宇沢弘文先生こそが、最も「経済学の冒険」というものに果敢に挑んでこられた経済学者といえるのではないでしょうか。「大冒険」と称してもよいかもしれませんが、そのような捉え方そのものが、宇沢先生には適用できない可能性もあるでしょう。吉川先生は宇沢先生のゼミに1971年の大学2年次の秋から入り、ケインズ『一般理論』をみっちり勉強するうちに学者の道を志すようになったといわれる。まさに宇沢先生は、大学で最初に出会った「師」なのです。エール大学大学院の指導教授で、その当時のアメリカを最も代表するケインジアンの一人であるノーベル経済学賞のジェームズ・トービン教授も、吉川先生にはきわめて偉大な「師」。**宇沢弘文とトービンという日本と世界、いや二人ともに世界的経済学者である彼らから吉川先生が学んだこと、得たものは何だったのでしょうか。「学問の師」と「書物の師」、きっと両面あることでしょう。**

今回、東京大学経友会『経友』2015年2月、191号の「宇沢弘文先生追悼」を読むことができました。吉川洋先生はじめ、6人の先生が各々の想いから印象深い追悼を寄せておられる。そのなかにある吉川先生の追悼には次のような文章の記載があります。**宇沢先生をはじめとして、**

「……経済学をつくる有名な経済学者たちは決して神様ではなく、私たちと同じ人間なのだということである。後年アメリカに留学し、『高名な神様』の何人かに接する幸運を得た私は、そうした高名な経済学者の偉大さは、まさに彼らの『人間』にあることを知ることができた」と。宇沢先生は、「100年の視野で物事を考えられていた」とも書かれている。

いずれの文章も、宇沢弘文という「経済学者」にして「人間」としてのあり方を見極めるうえで、重要な核心が指摘されていると思います。宇沢先生の講演やインタビューをまとめた『人間の経済』（新潮新書、2017年）の冒頭文を執筆された、宇沢先生の長女の占部まりさんによれば、スティグリッツは、「ヒロの話は三十年後ぐらいにわかる」と言っていたようです。いや、それ以上の年月が宇沢理解には必要なのかもしれません。

「宇沢問題」は解決できるか

故内橋克人氏は、宇沢先生との共著『始まっている未来——新しい経済学は可能か』（岩波書店、2009年）の巻末で、「**教育、医療、社会保障、農業……およそ人間の生存条件にかかわるテーマのすべてが宇沢弘文氏の宇宙である**」[*7]と述べています。宇沢先生は2014年9月18日に他界さ

7　宇沢弘文・内橋克人『始まっている未来——新しい経済学は可能か』岩波書店、2009年、181頁。内橋克人氏（1932-2021）は、新聞記者を経て、長らく経済評論家として大きな足跡を遺されました。

れましたが、宇沢先生の経済学や経済思想はいまなお大きく注視され続けています。NHK「欲望の資本主義」シリーズで、宇沢先生を「心の師」と仰ぐジョセフ・スティグリッツの言葉に象徴されるように、さらには作家の佐々木実さんが、宇沢先生の評伝『資本主義と闘った男――宇沢弘文と経済学の世界』（講談社、2019年）と本書の簡略版『今を生きる思想 宇沢弘文 新たなる資本主義の道を求めて』（講談社現代新書、2022年）を刊行するなど、宇沢先生の死後、宇沢思想をあらためて見直す作業が精力的に続けられています。[*8] **このような今日の動向は、宇沢先生を「師」とする吉川先生の目からみて、どのように映るのでしょうか。**

じつはその答えの一端を、佐々木実さん自身が提起されてもいるのです。上記の新書の最後で、彼はこう述べているからです。「この小著で私が伝えたかったのは、『社会的共通資本の宇沢弘文』がまだ十分には解明されておらず、したがって、彼の思想の全貌もいまだ明らかにされてはいないということである。宇沢弘文はこれから再発見されるべき経済学者であり、思想家なのだと思う」。[*9] 彼の真意を一言でいえば、米国で新古典派数理経済学の最先端研究を担った「前期宇沢」に対する圧倒的に高い評価とはまったく対照的に、みずからの自己批判をつうじて「社会的共通資本の経済学」の構築に尽力していった「後期宇沢」というものの宇沢経済学全体における位置づけがなお未解決のままであり、その潜勢力も解明されていない、その正確な再評価をすることこそが、「宇沢弘文の再発見」にほかならないと。**今後の「経済学の冒険」は、こうした宇沢弘文を**

めぐる未解決問題の解明を含むであろうと私は思います。

新古典派経済学批判を深める意図もあり、宇沢先生がケンブリッジ大学のジョーン・ロビンソンの経済学に傾倒していったことは、現時点からふりかえってみて、どんな意義をもっていたといえるでしょうか。「夕闇の赤門前にロビンソンと先生が立つ光景は、今でも脳裏に焼き付いている」。ふたたび『経友』における吉川先生の宇沢追悼文からの一文です。**宇沢先生は、ロビンソンによる「経済学の第二の危機」宣言を、世界で最も鮮烈に受け止めた経済学者の一人でしょう。**

晩年の宇沢先生は、『経済と人間の旅』(日本経済新聞出版社、2014年)や『人間の経済』(新潮新書、2017年)などの表題からもはっきりわかるように、「人間(の心)」というものを中心に据え置く「経済学」の再構築に尽力されていました。そのことは必然的に、シカゴ大学のミルトン・フリードマンらを主導者として世界中に席巻された「市場原理主義(自由放任主義)」を捨て去り、ヴェブレンの制度主義とジョン・デューイのリベラリズムを現代的に復権させることをも

8 間宮陽介・若森みどり・佐々木実の3名による座談会「カール・ポランニーと宇沢弘文―『人間の自由』と『制度』をめぐって」、『世界』岩波書店、2023年、6月号もご参照ください。それは、特集「もうひとつの資本主義へ――宇沢弘文という問い」の一部です。

9 佐々木実『今を生きる思想　宇沢弘文　新たなる資本主義の道を求めて』講談社現代新書、2022年、126頁。

明確に含意しています。「社会的共通資本の経済学」は、まさにその二人を思想的基盤とするものだからです。**宇沢先生が最後まで探究され、目指されていた「人間の経済」や「人間の心」を大切にする「経済学」は、これからの未来にむけてどのように実現されうるものなのでしょうか。現時点でいえば、宇沢先生の「理想」はどの程度において実現されているとみなしてよいのでしょうか。**

上記の『人間の経済』に所収されている最後の文章「『シロウトの経済学』ゆえの仏心」において、ケインズと石橋湛山を比較しながら、「湛山とちがって、ケインズには湛山のようなノーブルな心があまり感じられません[*10]」と宇沢先生が述べていることに注目できるかもしれません。「教育」という論点については、『宇沢弘文 傑作論文全ファイル』（東洋経済新報社、２０１６年）のなかで、宇沢先生はこう表明されています。「教育を経済に合わせるのではなく、経済を教育に合わせるのが、社会的共通資本としての教育を考えるときの基本的視点です[*11]」。佐々木実さんの本を読んでいると、じつはそうした重要論点に対して、宇沢先生が宇沢先生ご自身のなかで、どう整合的に理解されておられたのかという問題もあるように私は感じています。『経済学の冒険』に所収した佐々木さんの新書の書評にも書いたことですが、それは、宇沢における「新古典派経済学」と「社会的共通資本の経済学」との理論的関係という点についてです。

*

スティグリッツや吉川先生と同様に、宇沢先生を「師」とするのが岩井先生です。宇沢先生の死後、日本経済新聞朝刊（2014年9月29日）に宇沢「追悼文」を書かれた岩井先生は、宇沢先生の仕事を自分なりに総括できたという「解放感」を味わうことができた一方、宇沢の「社会的共通資本」を、新古典派経済学のいうところの公共財のストックと変わらないと評価したことへの「異論」に遭遇することにもなったようです（岩井先生の宇沢追悼文は、『現代思想』青土社、2015年3月臨時増刊号の宇沢弘文総特集『宇沢弘文――人間のための経済』における、神野直彦氏と内橋克人氏の冒頭対談でも批判的に取り上げられています）。

さらに重要な論点は、**岩井先生がいわゆる「宇沢問題」――宇沢先生における、新古典派的な分析手法を駆使する「冷徹な頭脳」と正義感にもとづく自由放任主義批判である「暖かい心」とのあいだのギャップ――の存在をあげ、宇沢先生ご自身がその「宇沢問題」に長らく葛藤されてきたと指摘されていることです。**ここでの趣旨は、宇沢先生自身はこの「宇沢問題」から脱却できなかった、すなわち新古典派的な経済理論に代替しうる分析手法の開発に最後まで成功しなかったということです。こうした「宇沢問題」については、岩井克人『経済学の宇宙』においても言

10 宇沢弘文『人間の経済』新潮新書、2017年、176頁。
11 宇沢弘文『宇沢弘文 傑作論文全ファイル』東洋経済新報社、2016年、328頁。

及されています。研究者としての岩井先生の意識の奥底に深く潜み続けることになった「宇沢問題」は、現在どのような位置をなし、どの程度の「解決」がなされたといえるのでしょうか。「宇沢問題」は現時点からみれば、あえて「宇沢―岩井問題」と呼んでいいのかもしれません。**吉川先生は「宇沢―岩井問題」をどうみておられるでしょうか。またそれは、「解決」できる問題であるとお考えでしょうか。**

現時点で明確に表明しうるひとつの有力な「希望」は、次のような試みが展開されていることです。それは、宇沢の『社会的共通資本』（岩波書店、2000年）は、社会的共通資本の管理・運営に際しては「フィデュシアリー（fiduciary）」の原則にもとづいて信託されることが大切であると述べているのですが、この「フィデュシアリー（fiduciary）」という概念こそが、みずからの「信任関係論」の基礎に据え置かれていることとの意義を岩井先生が説かれていることです。岩井「信任関係論」は、最も単純な算術のみで動いているからこそ、必然的にグローバル化しうる力をもつ資本主義に対抗すべく普遍的な原理の基礎をなすものです。『宇沢弘文著作集第1巻』の「月報1」に所収されている岩井先生の一文の表題は「「父離れ」」。岩井先生によれば、表題に括弧が付けられているのは、宇沢先生の問題関心の重力圏から逃れられないことを「予知」していたのではないかとのこと。「フィデュシアリー（fiduciary）」という概念が、すでに宇沢思想のなかにあったことに、のちに気付かれたからでしょう。とはいえ、岩井先生にとってそのことは、みずからの「信任関係論」を構築していく過程で大いに勇気づけられ、励まされるものでもあったのです。

「経済学の冒険」を続けるために

以下は、私なりのこれからの「経済学の冒険」の具体的内容です。

一つは、本数は少なくなるでしょうが、これからも定期的に「書評」を書いていくという作業はぜひ続けていきたいと思っています。「書評」を書くということはまず「選書」するということですから、他者の研究動向や世の中の出来事や話題に常に目を見開いておくことになります。それによって、「自分の（思考や領域の）狭さ」というものに対して、たえず自覚的になることができるはずです。

二つめは「研究書」の出版です。今回、刊行が実現できた『経済学の冒険』は、「書評集」という性格上、基本的にすべて「借り物」であり、いわば「仮免」のようなものだと思っています。次回は、『競合する経済思想――資本主義と社会主義との知的格闘から』と題する研究書を、ぜひ数年後には出版したいと思っています。岩井先生の『経済学の冒険』への「帯推薦文」には、「この本によって、新たな知的冒険に旅立つ若い読者が一人でも多く現れることを願っています」とあります。本書を手に取ってくれた読者に対するメッセージですが、この文章はそれと同時に、著者である私自身に向けられたものでもあるのです。**著者の私自身が、次なる「新たな知的冒険に旅立つ」ことへの温かいエールを送っておられると読み取れるからです。**

＊

最後の三つめは、上記の知的営為を継続していくうえでの基本精神として、吉川先生の本書への「帯推薦文」にもあるように、**いわゆる「経済学学」との決別をより明確に意識化することが絶対に欠かせないということです。**「経済学の冒険」には、実際のところ、「誤った」冒険もありうるということであり、そのような「冒険」は、経済学の未来には無益どころかむしろ有害にすらなる可能性があるのではないでしょうか。吉川先生が警鐘を鳴らす「経済学学」という事態の汚染度は、主流派の新古典派経済学の内部にとどまらず、かつてはそれとの有力な対抗関係にあったマルクス経済学においても、そして学派を問わず「経済学史」という専門分野に従事している経済学説・思想史研究においても同様に拡がっているのではないかとさえ思われるのです。研究者自身が「経済学学」という事態にみずからが陥っていることにすら「無自覚」であるならば、そのことの影響はいっそう甚大で深刻です。

経済学の多様性を堅持する観点から、偏向の強い一元化され過ぎた経済学のカリキュラムに私は反対ですが、そこには「マルクス経済学」や「経済学史」といった専門分野の研究者自身に起因しうる問題もあるはずです。考察対象を狭く設定し、現実からも遊離し、歴史上の経済学者の文献考証に多大な時間を浪費する傾向すら見受けられます。その帰結として、「経済学史」における有意義で生産的な知的交流は希薄か皆無であり、「経済学史の発展」には何らかの寄与はあるにせよ、概して「経済学の発展」にはほとんど貢献していないのではないでしょうか。**吉川先生の『いまこそ、ケインズとシュンペーターに学べ』の最後には、次のような示唆に富む文章が記載されています。「ケインズとシュンペーターの経済学はけっして博物館入りすべき過去の遺物ではない。経済学は今や壮大な知的遊戯としての『経済学学』になってしまったように思えることもある。そうしたなかでわれわれが現実の経済と向き合うとき、力強い知的源泉となるのがケインズとシュンペーターの経済学なのである**[12]」。

吉川、岩井先生の二人はともに「理論家」であり、その「理論家」が語り直す「経済学史」は、経済学説史専門の研究者による「経済学史」とは基本的に大きな違いがあるのです。なぜならば、両氏は、「経済学史」というものを「経済学史」そのものとして研究されていないからです。現実の多様な経済問題や経済現象をよりよく理解し解明するために欠かせない経済理論の再構築という側面において、「経済学史」は大きな示唆を与えうるのであり、ときに「経済学の歴史」そのも

12　吉川洋『いまこそ、ケインズとシュンペーターに学べ――有効需要とイノベーションの経済学』ダイヤモンド社、２００９年、２７０頁。

のを塗り替えうるものにもなるのです。**要するに、「何のための経済学史なのか」という、「経済学史の存在意義」を問い直し続ける必要があるということです。それは、問うことを不要とする自明の存在ではありません。**吉川先生における、これからの経済学の「知的冒険」も、私には興味ある内容です。「自伝」や「経済学史」の著書が刊行されるならば、それはとても楽しみです。

＊

最後に、次のように書いて本章を締め括っておきたいと思います。『いまこそ、ケインズとシュンペーターに学べ』に、吉川先生は、「すばらしい書評を書いて戴き有難うございました。良きエコノミストになるよう祈ります」とかつて書いてくださった。その日付は２００９年６月16日。今回も同書を持参し、「良きエコノミスト、快走ですね！」と新たに書き加えていただくことができました。もちろん日付は、対談が実施された２０２３年９月13日。**書に刻まれた日付という名の時間の記録は、私にとっては永遠なる記憶として、静かに語り継がれていくのです。**

後日、２０２３年10月21日の各紙新聞朝刊をみて、吉川洋先生が２０２３年の文化功労者に選出されたことを知りました。「書評は文化だ」という力強い推薦文をお寄せくださった吉川先生が文化功労者に選出されたことは、私にとってもひときわ感慨深い出来事となったのです。

第二章　対談をつうじて

——水野和夫、吉川洋と「経済学の冒険」

◉前章の冒頭にあるように、『経済学の冒険』刊行後、私は、2023年9月13日に吉川洋先生と対談しましたが、同年11月6日に水野和夫先生（法政大学法学部教授）とも本書をめぐっての対談が実現しました。本章「第二章　対談をつうじて」は、二人の先生との実際の対談を所収しています。経済学の現状とその批判、これからの経済学と経済学史のあり方、経済学の古典を読む意義、資本主義のゆくえなど、対談の論点は多岐に及んでいます。先輩の岩井克人さんや師の故宇沢弘文先生の学問とその個人史的回顧など、吉川先生との対談では、とても興味深い貴重な内容が凝縮的に語られています。

資本主義／経済学はどこへ向かうのか（水野和夫・塚本恭章）

経済学の古典を読む意味とは何か？

塚本　今回、経済学を学んでいる学生や、経済学をもう一度学び直したい人たちに向けて『経済学の冒険』を刊行しました。今の大学生は「本を読まない」とよく言われます。果たして、本当に大学生は本を読まないのか。あるいは本の読み方を知らないのか。私の本は、読まない人／読み方を知らない人、両者に向けて書かれたとも言えます。もちろん、普通に真面目に読んでいる人も大歓迎です。水野さんが本書の帯に寄せてくださった言葉に引き付けて言うと、経済学を学ぶ真の面白さは、「古典」を読むことにあるとも言えます。また、これは水野さんのご専門になりますが、資本主義の限界と終焉について、今盛んに議論されるようになりました。けれども、現代の主流派経済学者（新古典派）たちは、資本主義そのものにはあまり関心がないようにもみえます。一方、大学教育においては、経済学史を学ぶ必要がないんじゃないかという雰囲気すらあります。ミクロ・マクロ・計量経済学中心のカリキュラムが支配的である。そうした状況の中で、経済学の古典を読むとはいかなる意味を持つのか。経済史・経済学史、資本主義をめぐって、これまで様々な議論がなされてきました。それが経済学の歴史を形作ってきたわけです。そのことを、この対談で少しでも明らかにすることができれば、あらためて経済学史・経済学への知的関心も増してくるのではないかと思います。

水野　たとえば学生たちが今、需要と供給の曲線グラフ、均衡価格・均衡生産量について、授業の中で講義を受けます。理論としては非の打ち所がないので、理解はできます。ただやはり、それが成り立つための根拠となっているものとは何か。経済史や経済学史を踏まえて考えないと、本当の意味で腑に落ちることはないと思うんですね。そもそも主流派経済学では、一八七〇年代以降、あるいは一八世紀のアダム・スミスの時代以降を、経済学の歴史と捉えがちですが、資本主義経済を真に考えるのならば、スコラ哲学の時代にまで遡らなければならない。カトリック教会が、なぜ利子を認めたのかまで含めて考えないと、今の世の中、たとえば「ゼロ金利」の問題について解明できないんじゃないかと思います。

塚本　私の師匠でもある岩井克人さんは、資本主義経済を、古代ギリシアのアリストテレスにまで遡って考えようとされています。そうした時代の古典を読むことによって、資本主義への理解がより深まる。最初から授業で、そんな話をしても、ついてこられないと思いますが、今の学生と接していると、古典だけでなく、活字からちょっと遠ざかっている印象が強い。日本語で読み、考え、書くことを避けているようにも見受けられます。

水野　私自身も、若い頃は、あまり本を読んでいなかったので、偉そうなことは言えませんが、最近ようやくわかってきたことがあります。本というものは、一回読んで理解できるものではない。わからないのが当然であって、著者は何年もの年月を費やし、全力投入で書いているわけですからね。佐藤優さんが以前、「本は最低三回読め」とおっしゃっていました。毎回違った色で線を引き、三色重なったところを、さらにもう一度読み直す。それくらい読まないと、一冊の本を読んだとは言えないということです。

塚本　繰り返し読んでいくと、前回までとは違うものが見えてくることがありますよね。そうなると、本から得られる深さや広がりも異なってきます。一冊の本の価値がより増してくると言ってもいい。そんな体験を、学生たちが持ってくれればいいんですが、なかなかそこまで辿り着くことができない。経済学の話に則して言えば、経済学を学ぶことは、本当に面白いし、学問としてもすごく深いですよね。たとえば今、格差も含めて資本主義が様々な問題を生じさせている。それは、新聞やインターネットの情報を見ているだけでは、到底理解・解決することはできません。それくらい根深い構造的・歴史的な背景を持っている。そういう問題に少しでもアプローチできるような本になればと思って、今回の本は書かれています。岩井さんは推薦文の中で、そのアプローチに対して「知的冒険」と銘打ってくださったんですが、私の思いとしては、冒険の参加者が少しでも増えて欲しい。そんな希望を持っています。それで本書を手に取った学生が、経済学あるいは学問全般を面白いと思ってくれる。繰り返しになりますが、経済学を学んでいて、貨幣について勉強しているだけで、本当に楽しい。貨幣のことがわかるようになれば、社会の問題もよりよく見えてきます。この本の第一章は「市場と貨幣」と題されていますが、まずはその問題から入ってみる。あるいは、第二章のタイトルは「資本主義と社会主義」です。今の学生に社会主義の話をしても、生まれたのがソヴィエト連邦崩壊後ですから、実感としてまったく頭に入ってこない。でも、経済学をめぐる資本主義と社会主義の対立、その歴史的な全体像を一度摑んでから、個別の問題を考えてみたらどうか。そして全体と個別の関係がぼんやりとでも見えてくれば、経済学史の重要性に気づくと思うんですね。そのためには、本書でも繰り返し述べていることですが、古典を読むことが大切です。水野さんは今、本とは縁遠い学生たちを、どのように導かれていっているのでしょうか。

水野　岩井さんが『ヴェニスの商人の資本論』という本を書かれていますが、私も経済原論の講義の初回、『ヴェニスの商人』を取り上げているんです。『ヴェニスの商人』は、経済学という学問の中で、いわば一番根本にある概念として考えられている、所有権をめぐって争われる話である。そして、その問題を突き詰めていった結果、殺人にまで至る。また、主人公のポーシャが、結婚相手となるバッサニオに指輪を贈ります。これは貨幣そのものであり、最終的に指輪はポーシャのもとに戻る。そうすると、男たちは誰も頭が上がらない。「資本が資本家を操っている」と、マルクスは言いましたが、シェイクスピアは同じ意味のことを、『ヴェニスの商人』を通して既に語っていた。そんな話をするんですね。あるいは、私は法学部所属なので、イェーリングの『権利のための闘争』に則して話すこともあります。法学部の学生ならば必読文献です。この本の中で、シャイロックの人肉裁判が高く評価されている。あの裁判は、権利のための闘争である。だから、負けるとわかっていても訴えなければいけない。そうイェーリングは書いている。法律を学ぶ学生にとっても大切なことを、シェイクスピアは書いている。そのことを説明するわけです。そこから話を広げて、シェイクスピアと比較しつつ、ロックの『統治二論』やスミスの『国富論』の話題に持っていくようにしています。

塚本　『ヴェニスの商人』の話を講義の冒頭ですれば、経済学と他の分野との相関関係も見えてきて、学生も入り込みやすいでしょうね。古典の話では、二〇二三年に亡くなられた伊藤誠さんの言葉を思い出します。『資本論』が典型ですが、経済学の古典は膨大なものが多い。そういう分厚い本を前にした時には、内容がわからなくても、とにかくページをめくることが大切だと、伊藤さんはおっしゃっていた。『国富論』にしても、リカードの『経済学および課税の原理』でも、まずはページをめくって、最後まで読み通す。それが古典を読む時に最重要な態度であり、ページをめくる勇気みたいなものが必要である。細かいことはさておき、全体としてはすごいことを言ってる本である。そのことがわかれば、二回目、三回目を読むことに繋がっていきます。

いまこそ学問の冒険、経済学の冒険を

水野　『資本論』だって最初の一行目から、マルクスは何を言いたいんだろうと思ったりしますよね。

塚本　ケインズの『雇用・利子および貨幣の一般理論』にしても、専門家だってなかなか読み通すのは難しい。シュンペーターの『経済発展の理論』でも、一章はワルラスの一般均衡理論を復習しているだけですから、つまらないんですよね。でも、二章に入るとイノベーションの話が出てきて非常に面白い。だから、とりあえずページをめくって、自分の興味が惹かれるところを読む。実は私の本も、学生から「辞書ですね」と言われました（笑）。読破するのにハードルがあるみたいです。でも、今言ったように、ページをめくっていって、わからないところがあっていい。面白いと思えば、そこをじっくり読む。特にブックガイドの四〇冊（第五章）は、二〇〇字ぐらいで短く紹介している本もあります。そちらから読んでもいいと思います。

水野　ガイドを読んで、対象となったオリジナルの本に進んでいけばいいわけですよね。

塚本　ええ。ガイド・書評を読んで、当該書籍を読む。古典を読んでみる。

水野　古典を薦める時、よく遠藤周作の話を紹介するんです。彼は若い頃、フランスに留学していた。ドイツ人の留学生と友達になって、その友人がカントの『純粋理性批判』をいつも抱えている。「随分と分厚い本を持ってるけど、どんなことが書かれているのか」と聞くと、何と答えたか。「読んでもよくわからない。だけど、この本を持っていると勇気が湧いてくるんだ」。なるほどと思いました。塚本さんの本への推薦文に書きましたが、「クラッシック」には、元々勇気を与えるという意味がある。『資本論』を読んでもわからない。でも、自分の書棚に一巻だけでも置いておく。マルクスは、あの本を、肺炎で死にそうになりながら書いた。自分には時間がないから、早く書かなければならないと思いつつ、一巻だけ完成させた。普通の人間には到底できないことです。『資本論』の背表紙を見るだけで、マルクスが命懸けで一冊の本を書いた、その勇気を貰える。そういう力を、古典は持っていると思います。

塚本　学生には、自分なりのリアルな本棚を作って欲しいですね。自分が読んで感銘を受けた本を置いておく。本と距離が近い環境にあれば、読むことへのハードルも下がりますから。

水野　書棚の前を通りかかると、ちらっと背表紙が見える。「手に取って」と、本が呼び掛けてくるような気がする時があります。その本を引っ張り出して開いてみると、線が引かれていたり、メモが書かれていたりする。昔はこんなことを考えていたんだなと思って、あらためて思考が促される。これは電子書籍にはない、紙の本が持つ大きな価値だと思います。紙の本だと、書いた人が後ろにいる感じがしますよね。マルクスは死んでしまっているけれど、本自体が強烈なオーラを放っている。

塚本　今日は水野さんに、是非お聞きしたかったことがあるんです。今回の本に「冒険」という言葉を使いました。たとえば経済学の歴史を振り返ってみた際に、正しい冒険と間違った冒険があった気がするんですね。社会が危機や混迷を深める時、経済学だけではありませんが、学問というものは、複数の理論や思想を対峙させて、対話する。そういう言説空間が求められると思うんです。ただ、今の日本のアカデミズムの状況を見ていると、マルクス経済学がかなり縮小してきている。また、冒頭申し上げたように、経済学史や経済思想史系の科目が不必要であると考える研究者もいます。ミクロとマクロと計量経済学だけでいい。そんな雰囲気もあります。時代の流れもありますが、それぞれの分野で研究をしている人たちにも問題があると、私は思っているんですね。マルクス経済学ならマルクス経済学の中で、あるいはシュンペーターならそれを研究する人たちの中で、非常に細分化していっている。その結果、経済学全体として、現在の資本主義や経済の危機そのものに対して発信できなくなっている面があるのではないか。

水野　確かに、マルクス経済学の人が、今一番声を上げなきゃいけない時なんですが、全然声が聞こえてきませんね。『資本論』の副題が「経済学批判」なのですから。

塚本　本来ならば、マル経の側から、格差や新自由主義的グローバル資本主義の問題に対して、きちんとした意見が出てこなければならない。また、主流派の中からも、まとまった提言もない。ピケティやグレーバーの本に注目が集まれば、それに便乗して語るぐらいのものです。経済学史というのは、ひとつには全体を見ながら、経済学のこれからの在り方を展望する学問だった。そうではなくなってしまったことを、専門の研究者たちも、自ら戒めないといけないと思いますね。

水野　十九世紀から二〇世紀にかけて、学問がどんどん専門化していきましたよね。塚本さんが使われた言葉でいえば「細分化」ということです。ヨーロッパを中心にして、学問が細分化された。そうした状況を受けて、「サイエンス」は、西周によって「科目の学問」を表わす「科学」と訳されました。けれども本来サイエンスとは「知を識る」ことでした。十五世紀、十六世紀頃の思想家たちは、社会の全体を知ろうとした。デカルトもルソーもディドロもそうです。経済も政治も全部探求している。そうしないと物事の仕組みがよくわからなかった。哲学者の中尾隆司先生の本を読んでいたら、面白いことが書いてありました。科学と哲学と宗教の違いとは何か。人間は知らないことばかりで、未知数は無限に存在する。しかし与えられた条件式（鍵）は、未知数ほどはない。すべて前提を置いて答を求める。科学にしても前提を置き、未知数と方程式を使って、その中で得られたことだけを言う。哲学はそこから一歩踏み出して、「鍵の与えられていない領域に知的冒険を試み」、人間とは何かを考えようとした。では宗教（家）とは何か。世の中が全部わかった、そんな境地に辿り着いた人が宗教家である。ただし、大抵はペテン師である。そんなことを、中尾先生は書いていました。何が言いたいかというと、学問は与えられた条件の中でしか物を言わない。そうではなく、未知数は限りなくあるのだから、過去と違った前提条件を持ってきて思考し、新しい主張をしていく。それが冒険ということの意味だと、私は思います。塚本さんもそれを意図して『経済学の冒険』を上梓されたのだと思います。経済学であれば、一般均衡理論や完全競争の前提を置けば、確かに需要・供給曲線の原理で説明することもできるでしょう。でも、そうした理論とは関係なく、多くの人たちが苦しんでいる現状がある。市場で決まる価格が公正だと言われても、その人たちには響かない。だから、もっと違う前提を置いて、考えを広げていく。それが学問としての冒険なんじゃないかと思うんですね。安定していた時代であれば、先人たちが築いてきた前提に従っていればよかった。だけど今は、土台自体が揺れてガタガタしている。まさに冒険をしなければいけない時代だと思います。塚本さんのなさったお仕事は、それに対応している。経済学者として、チャレンジされていると思います。

塚本　ありがとうございます。「読書人」の読者のために、少し本の内容を説明します。第一章は先ほど言ったように、「市場と貨幣――経済学の大地にふれる」としました。この章タイトルに込めた意味とは何か。経済学の大地にふれるということは、市場の問題と貨幣の問題を考えなければいけないということです。その時に、気を付けなければならないのは、経済学史をきちんと学んでいれば、市場の理解も貨幣の理解もひとつではないということです。この本で取り上げられている岩井さんと西部忠さんとでは、そもそも貨幣観が大きく異なります。また、我々は貨幣を媒介にして市場を作っていますが、今の主流派経済学派と岩井さんとでは、これも大きく違っている。先ほどもちょっと言いましたが、岩井さんであれば、アリストテレスにまで遡って貨幣について考える。その辺りの違いも含めて学んでいくことができれば、経済学への理解がより深まると思うんですね。『岩井克人「欲望の貨幣論」を語る』を本書の第一章で取り上げていますが、この本を読むだけでも、経済学の歴史の深さがわかると思いますし、『経済学の冒険』自体、経済学史の流れがわかるような作りに編まれています。

水野 貨幣については、アダム・スミス以降、交換価値で語られるようになりましたよね。リンゴもミカンもすべて、貨幣を尺度として考えていく。便利な説明だと思います。ただ、現在の状況を考えると、それでいいのかどうか。ケインズの言う「貨幣愛」がこれだけ強くなった世界で、資産を何兆ドルも持つビリオネアが次々現れる。何兆ドルを一体何と交換するのか。交換するものなんて存在しない。経済学における交換価値からはずれたところに生きている人たちが増えてきているということです。ジェフ・ベゾスやイーロン・マスクの行動を見ていると、経済学では説明できない。その時に、我々は何を参照項にしたらいいのか。たとえばジャック・アタリの本を読むと、貨幣とは「死を遠ざけるもの」だと書いてある。貨幣を交換価値から考えるのではなく、死を遠ざけるものと理解する。何兆ドルもの資産があれば、そういうことも可能でしょうし、あるいは精子を冷凍保存して、自分の子孫を、数千年後の世界に残すこともできる。交換価値ではない違う価値を求める。そういう次元に入ってきているのかなとは思いますね。

現在の資本主義をいかに変えていくか

塚本　水野さんとお会いして、もうひとつお話したいことがあったんです。水野さんは、『資本主義の終焉と歴史の危機』という本を二〇一四年に書かれています。私も演習や社会思想史の授業で使っていて、学生たちも熱心に読んでくれています。私の恩師の故伊藤誠さんも、「本書は大変にいい本で、一気に読ませていただいた」と二〇一五年の『季論21』の鼎談のなかでコメントされています。金利がゼロになり、利潤が取れなくなれば、資本主義は自ずと死を迎えるんだけれども、電子金融空間みたいなものを作り上げることによって延命され、我々は今その中で生きている。しかし、いずれにせよ資本主義は限界を迎えており、死期が近づいていると、水野さんは主張されていました。主流派経済学者からはあまり出てこない意見ですし、岩井さんとも違います。岩井さんの場合、やはり資本主義の中でしか生きられない、そこでオルタナティブを考えていくという考え方です。現在の資本主義を、理論的にどう理解するか。そこが異なっていると、資本主義をどう変えていくか、その方向性も当然違ってくると思うんですね。

水野　資本主義が誕生する以前、宗教の時代は、現世は苦しみが溢れていて、来世に救いを求めていました。死後にユートピアが訪れる。資本主義はその考えを否定した。来世を待たなくてもいい。今節約して投資に回し、それが五年後リターンとなり、生活水準を向上させる。みんながそれを信じたわけです。ただ、こうやって資本主義を数百年間つづけてくると、違う問題も生じてきます。これは西側先進諸国に限った話ですが、ほとんどの人たちが、そこそこ満足できる生活が可能になった。美味しいものを食べ、安全もある程度確保されているし、健康年齢もどんどん伸びている。これ以上、さらに何を求めるんですかという話です。貧しい時代であれば、あれが欲しい、これが欲しいということもありましたが、今は大抵のものが手に入る。学生たちに聞いても、「今のままでいい」という人が結構多い。不自由がなくなっている。現世が一番、今が一番いい水準だと考えられるようになった。その意味では、資本主義が持っているプラス面は、ほぼ到達できたと言えます。だから、資本主義から次のステップに行かないといけないと思うんですね。資本主義は人間が作ったものだから、当然人間が変えることができます。それを何々主義と呼ぶかはわかりません。まずは資本の利潤追求をやめて、今の生活水準を維持していく。そういう風に発想を変えていく。それで試行錯誤を一〇〇年ぐらい重ねていけば、違ったあり方が見えてくるのではないか。そして、さらに三〇〇年経った後、誰かが「〇〇イズム」と名前をつければいい。資本主義の歴史を遡ってみても、最初は試行錯誤の中で行われており、名称はなかった。マルクスだって「資本制」という言葉しか使っていません。ゾンバルトが一九〇〇年代になって「キャピタリズム」と名付けたわけですよね。

塚本　ええ。

水野　むしろ一六〇〇年代の勃興期に、「これからはキャピタリズムでいこう」と言われても困りますよね（笑）。途中で、様々な軌道修正をしていく。最後に残った、その時代に適した一番いい制度に対して、イズムの名称を与えればいいと思いますね。

経済成長を求めるか、「脱成長」路線か

塚本　斎藤幸平さんが「脱成長コミュニズム」という言葉を使っていますよね。現在の資本主義を考えた先に、斎藤さんは、ひとつの道筋を示したと思います。資本主義で行くのがしんどいから、そういう方向へ転換したい。シンパシーは持ちます。伊藤誠さんも資本主義の終焉を論じながら、やはりオルタナティブな社会を見据えつつ、最後まで発言をつづけておられた。グローバル資本主義が、様々な形で歪みを起こしてきた。格差や金融危機の問題が頻発し、斎藤さんが指摘している地球温暖化の問題も深刻化している。現実的にそうした問題を前にして、どうすればいいのか。ここでも主流派経済学の人たちから、あまり積極的な発言がない。本当に資本主義の問題を考えているのか。真剣に向き合っていない気もするんですね。

水野さんの『資本主義の終焉と歴史の危機』の話に関連させて言うと、刊行から十年以上経っていますけれど、あの辺りから、世界的な規模で、資本主義の限界論が唱えられるようになったと思うんです。ピケティの『21世紀の資本』の日本語訳が同じ年に刊行されていますし、ヴォルフガング・シュトレークやデヴィッド・ハーヴェイなど、ヨーロッパでも、そういう議論が出て

くるようになりました。そこから十年ぐらい経って、もちろん斎藤さんの『人新世の「資本論」』がベストセラーになり、マルクス・ブームの火付け役になって今に至る。多くの人が資本主義の問題をきちんと考えた方がいいと思うようになりました。

水野 そうすると、日本とヨーロッパは、話し合ったわけでもないのに、同時期に同じ問題を考えていたということですね。

塚本 場所は違えども、世界的に同様の問題意識が共有されていたと思います。

水野 アメリカを除いてね（笑）。資本主義の本家本元だけは危機に気付かず、延命だけやってきた。

塚本 水野さんは、今後どのような展望をお持ちですか。

水野 先ほどの話に戻れば、ビリオネアまでいかなくとも、日本人は、明日死ぬ恐怖からは既に解放されていますよね。飢餓と戦争と疫病と、三つの危険からは解放された。疫病に関しては、コロナがあったので留保すべきところがありますが、現段階ではほぼ終息して、当初のように入院できないという状況もなくなりました。最近の調査では、コロナ前と比べて、日本の平均寿命の落ち方が世界で一番緩やかです。自由かつ健康で生きられる社会を、世界で一番実現しているとも言えます。それならば、「新しい資本主義」ではなく、「資本主義をやめる」宣言を出せばいいんじゃないか。利潤率はそこそこでいい。もちろん、そうなると株式市場は売られるでしょうから、対策は必要になります。それでも方法はいろいろあると思います。

塚本　多くの人が意外と気づいていないことかもしれませんが、日本が最先端を行っている面も結構ありますよね。その時に、ここから先、利潤を求めず、「脱成長」の路線で行くのか。学生にいきなり言うと、戸惑う人もいます。経済成長しなくていいのか。逆に、脱成長を志向する学生もいます。先ほど水野さんも言われたように、現状でいいと考える人もいる。水野さんのご主張である「ゼロ金利・ゼロ成長・ゼロインフレ」でいい。ただ、そうなると、資本主義の定義そのものを我々は変えなくてはならない。本当に根源的な問題だと思います。資本主義に変わる新しい社会モデルとは何かを、真剣に考える時が来ている。そのためにも、経済学を学び、古典を読むことが必要となってくるのだと思います。

水野　京都の龍安寺にある蹲居《つくばい》に、「吾唯知足（ワレ　タダ　タルヲシル）」という言葉があります。有名な石庭には十五の石が置かれているんですが、一度にすべてが見えないように作られている。どこの廊下から見ても、隠れる石がある。あまり欲張らず、十四個見えたら十分満足する。「足るを知ること」が大切だというメッセージが込められている。六〇〇年近く前から、日本人はそのような思想を持ってきました。それを今、世界に向けて発信していくことが大切なのではないかと思います。

みずの・かずお＝元法政大学法学部教授・経済学者。早稲田大学政治経済学部卒、埼玉大学大学院経済学研究科博士課程修了（経済学博士）。著書に『資本主義の終焉と歴史の危機』（集英社新書、2014年）、『次なる100年』（東洋経済新報社、2022年）、『シンボルエコノミー』（祥伝社新書、2024年）など。一九五三年生。

「経済学学」に陥った現代経済学の隘路、経済学は再生できるか（吉川洋・塚本恭章）

書評は文化、ビジョンをもって書物を読もう

塚本　私が偶然にもたまたま、吉川先生の『いまこそ、ケインズとシュンペーターに学べ』（ダイヤモンド社、二〇〇九年）という本の表紙と帯をコピーして履修学生に配布したことが、吉川先生との「対談」を思いつくきっかけになったんですね。二〇二三年の春学期は五〇〇人をこえる受講者が「経済学史」の講義でいたものですから、このイラストの「どっちがケインズでどっちがシュンペーターか」という話から始めて、帯にあった文章についても説明していたんです。

吉川　そんなにですか。履修学生が五〇〇人というのは驚きですね。

塚本　今回はたまたま学生が集中したという事情もあると思いますけど、出席をとっているので、四六〇人とか四七〇人とかは教室にいる状態でした。これまで私の「経済学史」の春学期授業の内容は「ケインズとシュンペーター」という二人の経済学者を軸にしながらやってきたのですが、じつは今までさほど深く自覚することはなかったんですが、あらためて考え直してみると、私の授業の骨子は吉川先生の先の二〇〇九年の本からきているのです。この本を読み直しながら、そのことを再認識したんです。授業で話をしながら、「対談の相手をぜひ吉川先生にお願いできないだろうか」

とひらめいた。それでお願いして快諾していただいたというわけで、大変に嬉しく思っております。

冒頭でいくつかの「対談テーマ」について私から最初にお話しておくと、なんといってもまず「本」ということですね。本というものをどう読むか。学生の本離れが加速しているというなかで、もう一回、本を読むということの意義や重要性を考えてみる必要があるんじゃないかと思います。ありきたりのテーマではあるのですが、じつはここが現在の多くの大学生にとってのネックになっていると思うんですね。こういったことについて、ぜひ対談していきたいというのがひとつあります。それから拙著『経済学の冒険』の「帯推薦」に書いていただいた「書評は文化だ」という言葉があるんですけれど、本を読むということと同時に、書評そのものが活字文化というものを守っていくのだということも非常に重要なことではないかと思っています。のちほど吉川先生からも「書評は文化だ」ということの意味について、もう少し掘り下げてお話をうかがえればというふうに思っています。これがまず一つめですね。

二つめは、現代の経済学、あるいは経済学史の全体を俯瞰できるという意味で、吉川先生は日本を代表する経済学者の一人であるということはもちろん周知のことであり、マクロ経済学がご専門だということにとどまらない。「経済学史」についての造詣もきわめて深いということで、とくにこの『いまこそ、ケインズとシュンペーターに学べ』を読んでみてですね、あらためて経済学史というものについて深い見識をお持ちだということがはっきり分かる。『経済学の冒険』は、ブックレビューをつうじて一本の「経済学史」の本にするということが主要な目的だったものですから、それについてもお話できるんじゃないかなというふうに思っています。それに関連していえば、私の本でも何冊か扱っている吉川先生の師匠にあたる宇沢弘文先生ですかね。それから先輩筋にあたると思うのですが、岩井克人先生の本も多く取り上げているということもありますので、宇沢先生や岩井先生の経済学に対するスタンスについてもぜひお話できればというふうに思っています。これが二つめになります。

三つめは、私の本のタイトルが『経済学の冒険』になっていることに関わってくるんですが、「冒険」ということですから、この本を出しても冒険が終わるということではおそらくない。まちがいなく「経済学の冒険」はこれからも続いていくだろうし、続けていかなければいけないと思います。そうした理解から私のなかでいま想起されるのは、これまでの経済学を振り返ってみたときに、「正しい冒険」と「誤った冒険」というものが両方あったんじゃないだろうか。後者の「誤った冒険」というのが、おそらく吉川先生が強調されている「経済学学」というものではないだろうか。「経済学」が「経済学学」になったことによって、ケインズの研究もシュンペーターの研究も、彼らの精神からかなり外れたところにまで落ちてしまっている。こういう問題こそが経済学の閉塞感というものを生んでいるんじゃないか。「経済学の冒険」をある意味で正しく続けていくためには、どういうことをわれわれは心がけていけばいいのだろうか。ですからこの本のタイトル、あるいは全体像をふまえた形でのお話というか対談をさせていただければというふうにも思っています。

あと追加でいえば、「本」ということなんですけれども、この「本」というものが吉川先生のご家族のなかでの共通項になっているような、そういう印象が私自身のなかにはあるんですね。たとえば「中公新書」を夫婦そろって刊行されたことがネットで紹介されていますし、それからこの本の最後のところでもそうですけれども、注意深くみてみると娘さんに捧げているという言葉がよくあるんですよね。だから、もしかしたら吉川先生のご家族が「本」というものを共通項に本というものがご自宅や部屋に溢れていて、その話題でとても活性化されているんじゃないだろうか。いまお話した三つのテーマはすべて「本」というものをめぐっての議論になるんですけれども、順不同あるいはこのテーマに縛られることなく、まずは自由にお話していただきたいと思います。

吉川　どうにもこうにも、とにかくこういう機会をつくっていただいて本当に幸いなことだと思っていますが、すべて順番通りにお話していけるかどうか分かりませんけど、まず「本」についてということですね。もちろん「本を読む」ということは読んで「書評を書く」という場合もあるんだけど、われわれは「本を書く」というのも仕事になっているわけですね。

塚本さんが今回こういう本を出版された。私にとっては、自分で最初に書いたのが自分の博士論文をもとにしたんですけど、東京大学出版会から『マクロ経済学研究』という本を一九八四年に出したんです。それはアメリカにいた終わり頃くらいから、そういう考えを持っていました。日本語で本を出したいし、書こうと思っているということをね。まだアメリカにいた終わり頃、日本にちょっと帰国したおりとか、そんなときだと思うんですが、宇沢先生にそのことをお話したところ、最初は反対されたんです。「本なんてやめろ」って感じですかね。それで、もっぱら英語の論文をしっかり書くべきだ。「英語の論文で勝負すべきだ」、こういうお話だったんですよ。それは、宇沢先生ご自身のキャリアからしても、また岩井先生もそうだったと思います。岩井さんは私と五学年違いですが、要するに、宇沢先生が期待していることっていうのは、やはり経済学の中心地はアメリカであって、そこで国際的な言語である英語で論文を書くこと。論文を書くってことは、当然、経済学のフロンティアで勝負することだって、こういうことだと思うんですね。そういう表現を宇沢先生は使われなかったと思ってますが、そこから逃げるなって、とにかく論文に専念するべきだというようなことを言われたのです。

ただ同じ会話をしている終わりの方だったか、後日のことだったか、もうかれこれ四〇年以上も前なので記憶が定かでないですが、本を書くって言うんだけど、それはそれでいいかもねと、こういうことだったのです。それは宇沢先生ご自身の体験からなのです。どういうことかというと、シカゴの教授をされているときに、宇沢先生はシュルツという農業経済の専門家で、宇沢先生からみても相当年長の方でノーベル経済学賞を受賞したと思うのですけど、そのシュルツと親しかったようです。「ヒューマン・キャピタル」っていう概念を最初に使い出した人です。宇沢先生は、そのシュルツに本を書かないとダメだと言われた。本を書くことによって経済学者は成長する。英語の論文だけを一生懸命に書いて、一流と呼ばれても、それでは限界がある。やっぱり本を書くことによって経済学者は成長するんだ、ということを言われたことがあるんだよねって、シュルツにですよ。だから「本を書くっていうならそれもいいんじゃない」と、宇沢先生にそういう言い方で言われたことを思い出します。

本ということについて思い出すのは、まず書くほうの話ですが、他方で読むということもそれと対応します。大部分の、とくに研究に熱心な経済学者は、「論文を読む」っていうことを一生懸命やるんだと思うんですね。しかし、論文っていうのは、限界があると私は思っています。それから、特に今は問題ありだと思っています。

大げさな表現ですけど、アダム・スミスの『国富論』から約二五〇年、私自身の経済学のキャリアは五〇年プラスなんですね。つまり二五〇分の五〇、五分の一、これについては私はこの目で見てきた。マージナルとはいえ参加者でもあったということですけど、経済学は、今回の塚本さんの本の帯にも書かせていただいたように、この五〇年で「経済学学」になったとつくづく感じる。それがどんどん悪化している、いまや学界全体が、ケインズのいう『一般理論』のビューティーコンテスト（美人投票）みたいになっている。それが私の認識です。つまりファンダメンタルズ、学問としてこういうことが大事というよりは、こういうことを言うと学界で受けるんじゃないか。周りの人の顔を一生懸命みんなで見合っている。そういう中で当然ながら、学界のボスみたいな人が出てきて、ボスがやったことであれば、素晴らしいっていう感じですんなり受け入れられ、それが土俵になる。その土俵がまともな土俵かどうかということは議論しない。考えもしない。こういうことになってきたということだと思うのです。これは二五〇年の経済学の歴史の中で、初めてのことではないかと思います。古典派の経済学者たち、アダム・スミスから始まってマルサス、リカード、皆きわめてアクチュアルな当時のイギリス経済と向き合っていた。書評集をまとめた塚本さんは、「書評」というのをどう考えるか。私は「書評は文化だ」と言ったのです。マルサスの有名な『人口論』(初版一七九八年)。この本の名前は、経済学をかじった人で知らない人はいないのだけど、マルサスは最初、あれをパンフレットで書いて、それがだんだん分厚い学術書みたいな本になっていった。ケインズは辛辣に、マルサスの伝記の中で、マルサスが『人口論』を学術書みたいな立派なものにしたことによってスポイルしたと述べていますね。一番いいのは最初のパンフレットだと。そのパンフレットは何かというと、政府の「救貧法(the poor law)」改革に対するコメントです。書評とはもちろん言わないけど、ある意味で書評のようなものなのです。政府の「救貧法(the poor law)」改革案はちゃんとプリントされていたはずで、それを読んでマルサスが大反対、自分は反対ですと述べたのが『人口論』なのですね。もちろん普通の意味で書評というのはちょっと言い過ぎではあるのだけど、書評というのは当然、クリティカルに本を読んでコメントするということですから、そういう意味では、マルサスの『人口論』もやや極端な言い方ではあるけれども、書評と言えないことはない、ということです。要するにいま何を話しているかというと、イギリスの古典派経済学者というのは非常にアクチュアルであった。リカードだってスミスだって。

先ほどから言っている「経済学学」は一部の新古典派経済学者が「経済学学」になったあたりから始まったと思う。たとえばエッジワースなんかは経済学学のオタク的な人だったろうという感じはありますね。

レオン・ワルラスをどう考えるか。ワルラスの一般均衡理論はたしかに抽象的ですが、しかしワルラスは、現実の経済と向き合ったということはそうだろうと思う。ケインズ、シュンペーターはもちろんですけど、私が知る限り、一九六〇年代くらいまでのイギリスの経済学者はみな自国のイギリス経済を考えていた。ケインズだってある意味、イギリスのことだけ考えていたような感じですし、マーシャルとかロバートソン、ピグーも、みなイギリス経済に向かい合って経済学をやっていたのは間違いない。大学の中で研究を続けていたジョン・ヒックスですら現実の経済を見て、イギリス経済について、いろんなことを考えていたわけです。まとめると、二五〇年の歴史の中で二〇〇年は経済学というのは基本的に現実と向かい合ってやってきた。それがアメリカに経済学の中心が移って、そこで、エスタブリッシュメントとなった数理経済学がコアになってから現在に至るまで、「経済学学」化が加速度的に進んできた。

忘却されたドイツの経済学から学び直す

吉川　もう少し私の方から言えば、本を読むことの意義、それから塚本さんご自身がすごい関心を持っていて、実際に教えてもいらっしゃるでしょうが、経済学史の意味ということについても、私自身も非常に意味があるという立場ですね。私は七二歳になりましたけど、今も「I'm still growing」って感じがある。最近ちょっと必要があってドイツの歴史学派について勉強する機会がありましたが、この年になって、なるほどなっていうことがいくつもあった。私が最近、経験したことはこれからお話しますけど、だいぶ前から感じてはいたのですが、一般論としてドイツの経済学、主として戦前のことを考えているのですが、一九世紀から第二次世界大戦までのドイツの経済学というのは、ホールセールで忘れられてるんですね。なぜかと言えば、それはやはり二回戦争で負けたことに尽きると思います。

それは、実は戦前の日本では全然状況が違ったわけです。これはちょっと雑談になってしまいますけど、私もアメリカに若い頃に何年もいたのですが、日本からみるとヨーロッパって言ったとき、いろんな国がありますが、明治以降イギリス、ドイツ、フランスって感じで、順番はともかく、それぞれリスペクトに値する国で、文化も進んでいてとそういう感じがありますね。問題のドイツについて言えば、もちろんゲーテもあり、ベートーヴェンもということで、リスペクトする対象。ところがアメリカは違うんですね。イギリスはアメリカの本家という感じ。まさに英語の元親の国。フランスは、好き嫌いがいろいろあるかもしれないが、フランスにはやはり一目を置く。フランス料理とか、パリは観光の中心とかね。

だけどドイツに対するリスペクトというのは、英仏に比べると格段に落ちる。それに対して日本では、ドイツに対するリスペクトというのは大きいので、ドイツ歴史学派の人たちの様々な著作は、戦前に主たるものはほとんど翻訳されていた。たとえばゾンバルトとかシュモラーとか、文庫本のレベルでも岩波文庫にかなり入っている。ビックリなのが、ロッシャーとかもね。ゾンバルトになると、日本人との同時代的な人的交流というのもいろいろあって、たとえば福田徳三。一橋大学の経済学の大先生ですけど、彼はドイツに留学して、それでゾンバルトの大きな影響があった。だけど、そういったことは全部忘れられている。

さてということですけど、ゾンバルトたちの先生筋にあたる人で、もう一つ上の世代の人で、ドイツ歴史学派のシュモラーと一緒ですが、ブレンターノがいます。ブレンターノが一九一〇年くらいだったと思いますが、「エコノミック・ジャーナル」に英語の論文を書いています。それは「マルサスの理論と一九世紀のヨーロッパの人口動態」というようなタイトルです。基本的に実証研究です。何をやってるかというと、きわめて重要な研究で、だからエディター（編集者）であったケインズも、それを英訳し「エコノミック・ジャーナル」に載せたわけです。マルサスの『人口論』の基本テーゼは、一人一人が豊かになったら、必ず多くの子どもを持つ、つまり子どもの数は経済的な条件で抑えられているんだ、あるいは貧困によって抑えられているんだということです。したがって所得水準が上がれば、必ず子どもが増える。これがマルサスのテーゼだった。それはリカードにも受け継がれているわけです。だから、賃金は彼らのいうところの「ミニマム・サステイナブル・レベル（最低賃金水準）」に抑えられるという、そういう理屈になっている。

ところがブレンターノが見つけたことは、一九世紀の主要国、ドイツだけでなく、他の国でも、「豊かになると逆に子どもの数が減っていっている」ということ、今の言葉でいう少子化が進んでいるということだった。マルサスの『人口論』はダーウィンにも影響を与えたわけですね。今でも、バイオロジーの世界では、食料が増えれば、生物の種は繁殖する、数が増えていく。このテーゼは生物の世界では成り立っているわけですね。マルサスは、それを生物学、ダーウィンに先立って、人間の世界での公理のようにした。ところがブレンターノが見つけたのは、それがヨーロッパの社会では成り立っていないということだった。つまり最初に「少子化」という問題を見つけた。そういう論文なんですよ。一九一〇年の論文をわたしはだいぶ前に読んで、ブレンターノってすごいなと感心したわけなんですね。

ここからが本題なんですけどね、ドイツ歴史学派というのは、フリードリッヒ・リストは一八三〇年とかずっと早いですが、一九世紀の後半になって、最初はシュモラーとかブレンターノという世代が出てきて、その次にゾンバルトとかマックス・ウェーバーが出た。シュモラーもブレンターノも、カール・メンガーとものすごい論争をした。いわゆる「方法論争」です。ちなみに、カール・メンガーのその本も翻訳されていますね、岩波文庫で。それは私も以前に読んでいた。カール・メンガーというのはオーストリアのウィーンで、「限界革命」をやったひとりです。少し古い表現なんだけど、彼はいわゆる「近代経済学」のウィーンのオーストリア学派の祖です。それで抽象的な議論をした。場合によっては、数理経済学をやっている。それをドイツの歴史学派の人たち、シュモラーとかはリジェクトするわけですね。それで大論争になる。それをどう考えるか。私も少し前までは、今ここでお話ししていることを知識としては知っていた。それから先が最近になって学んだことですけど、このひとつきの間に勉強したことがある。それはどういうことかというと、シュモラーとかブレンターノといった人たちは、資本主義のまさに歴史の段階論、経済について具体的に理解するためには、そういう段階論という歴史的なアプローチが絶対必要だと主張していたということです。

その次は、私自身がそうだったのかと思ったことですけど、彼らが最も影響を受けたのはマルクスの『哲学の貧困』だった。あれはご存知の通り、プルードンの批判ですね。フランス語で書かれていた。それが一八八五年くらいにドイツ語訳が出た。私も昔読んで、今は詳しく覚えてないのですけど、そのなかでマルクスが段階論みたいな、要は唯物史観の原型みたいなものを書いてるわけです。それにシュモラーとか、ブレンターノはきわめて大きな影響を受けた。それがひとつ。もうひとつ影響を受けたのが、これもまた私にとっては驚きだったのですが、エンゲルスの『家族・私有財産・国家の起源』の影響です。シュモラーにしてもブレンターノにしても、マルクスやエンゲルスのマルキシズムには反対なんだけれども、彼らはマルクス、エンゲルスをきわめて尊敬していた。彼ら歴史学派は、経済というものは機械的な理論、数学的なモデルみたいな形で表現できるようなものではないと考えた。歴史学派の人たちからすると、アダム・スミスですら機械的にすぎる。つまり、スミスはある種のモデルですね。モデルは普遍性をもつと考えているところが間違っている。リカードもそうです。リカードの「自由貿易」っていうのが本当に普遍的な原理なのか、後進国にそれはダメだと。むしろ保護主義の方がいい。現実にはアメリカですら保護主義だったわけですから。だから、最先進国のイギリスにしか自由貿易の原理というのは成り立たないと考えた。そういうリストの考えは、一九世紀末の歴史学派にも受け継がれた。

ブレンターノはさっき言ったとおり、少子化を発見したわけですが、それは「家族」というものに、歴史学派の経済学者たちが非常に強いこだわりを持っていたということだと思う。それのひとつの知的源泉がじつはエンゲルスの『起源』だった、そういうことらしいのです。エンゲルスの『起源』はご存知のとおり、モルガンのアメリカインディアンに関する研究に依拠しており、今の歴史学・人類学からすると否定されているようなところもあるかもしれないのだけど、ある種のビジョンっていうんですかね、それが歴史学派にあきらかに受け継がれている。

さきほどのカール・メンガーとの方法論争ですが、歴史学派の学者たちは、メンガー流の抽象的アプローチというのは一面的だし、経済を理解するにはある意味で弱すぎるって感じだったのですね。その後の流れを見ると、私は一〇〇％メンガー的なのはダメだとは、さすがに言わないのだけど、これは偶然もあるのだけど、カール・メンガーの息子は数学者なのです。親父はC・メンガー、息子はK・メンガーなのだけど、同じウィーン大学で、数学者なのだけど、数理経済学のセミナーをやっていた。そこに参加したのがフォン・ノイマンです。フォン・ノイマンが、ある意味では、世界で初めて一般均衡の存在証明をやった。有名な論文なのですけどね。英訳もされてますけど、親父のカール（C）・メンガーに責任を負わせるのは、その後の歴史を遡って責任をぜんぶ覆いかぶせるようなところがあるかもしれないけど、結局のところ、カール・メンガー的な流れというのは、数理経済学みたいなものに流れていって、それがやがてアメリカに移って、アローとかドブリューみたいな世界になった。宇沢先生は一九五〇年代の終わりにその一番ホットなスタンフォードのアローの教室に入って、一躍大スターになった。それはともかくカール・メンガーとシュモラー、ブレンターノが方法論争をやった。カール・メンガーは抽象的な、今の言葉でいうモデル、極端に言えば数学的なモデル、そういう方法、あるいは理論の意義を説いたわけだけど、それは結局のところ数理経済学に流れていって、私の言葉でいうところの「経済学」になってしまった。

他方でドイツの経済学者がいろいろ考えていたこととというのは、ホールセールで忘れられてしまった。唯一忘れられてないのは、名前としてはマックス・ウェーバーぐらいなんじゃないですか。ただマックス・ウェーバーは、今でも経済学の世界というよりは、社会学の世界でエスタブリッシュしているということかもしれません。マックス・ウェーバーを例外として、ゾンバルト、ブレンターノやシュモラーというのは、専門家を別にすれば名前も忘れられた。しかし彼らはやはり相当のことを考えていたわけです。今の学問分野でいうと経済史的な、われわれも教科書で習ったわけだけど、家内工業から問屋制家内工業、それからマニュファクチャー、さらに工場ファクトリーの大工業みたいなそういう歴史的流れは基本的には、ドイツ歴史学派の人たちであるシュモラーとかブレンターノ、ゾンバルトたちが作り上げた。それから人口の問題も、今は非常に少子化ですがブレンターノが先駆的な分析を行った。

結局のところ何を言いたいかというと、「本を読む」ということにも繋がってくるのですけど、いま経済学をやっている人、経済学者ということになるかもしれないけど、そういう人たちがある種のちゃんとしたパースペクティブを持っているかというと、ないじゃないですか。

「歴史」を知らない経済学者の落とし穴

吉川　話がいろんなところに飛びますけど、あるところであるとき中国経済が話題になったんですよ。そこには中国の専門家がいて、当然ながら中国という国はアメリカと違う、中国はもちろん香港の騒ぎなんかあったので、やっぱり自由はないとか、今の習近平っていうのはかなり独裁だとか。問題はそのことと経済の関係というのはどうなのだろうか。専門家の人たちは、そこは独裁だからダメとか、すぐには言えないと考える。もちろん自由とか言論の自由とかそういうことについて言えば、中国はアメリカ、日本と違うのだけど、経済はそれとは別の問題だと専門家が言ったんですよ。その方はどっちかというと、経済というよりは中国政治の専門で、まあ中国学の専門家です。そうしたら、ある若い有能な経済学者がそこにいて、その人は色をなして反論した。「独裁制みたいなものが経済成長を阻害するということは、アセモグルが証明した」と強い口調で言ったんですよ。私は目が飛び出るほどびっくりした。まず「証明した」という言い方。それはどこかで聞いたなという気がして、つまり五〇年前にマルクス経済学の世界では資本主義が崩壊するということは、マルクスが証明した、こういう言い方がよくあったわけです。私は一〇代後半くらいだったかもしれませんけど、強い違和感があった。というのは、証明という言葉のイメージというのは、われわれの世代だと、やっぱりユークリッド幾何なんですね。中学三年間叩き込まれた。公理から始まって、証明する、ＱＥＤというのはそういうことだった。確かに間違いないと。それに対して我々の住んでいる「資本主義が崩壊する」ということを「証明した」というのは、いったいどういう意味かというのは首を傾げざるを得なかった。そういうことは証明できないというのが宇野弘蔵であったと思うけど、それはともかくとして。

話を戻すと、アセモグルたちがやったのは「クロスカントリー・リグレッション（regression＝回帰）」でしょう。一〇〇か国くらいのデータを集めて、説明されるべき変数はそれぞれの国の成長率。いろいろな説明変数を入れるのだけど、たぶん独裁ダミーとかいうのを作るんじゃないでしょうか。政治的な状況で独裁だったら一《イチ》、民主的だったらゼロ。そういうダミー変数、あるいはもう少し拡張した指数を作って入れて、「それが有意になった」みたいなことだと思うのです。こうしたクロスカントリー・テストについては、私は一言で言えば、まゆ唾だと思う。結果はどうとでもなるだろうと。私がいま問題にしているのは、なぜ有能な人が、そうナイーブに、「独裁制だとその国の経済は成長しない」ということを「証明した」というようなことを言えるのかと。そのこと自体、歴史に何も学んでないと思うわけです。

ケインズの時代、ケインズの経済学全体に関わるのだけど、一九三〇年代のメジャーな国。おおむね英米を中心にして、日本も含めて、経済はみな悪かったわけです。英米が一番悪くて、フランスも悪い。良い国というのは二つあって、一つがスターリンのソ連で、もう一つがナチズムのドイツだった。ヒットラーが政権についたのは一九三三年です。ドイツは第一次大戦に負けた直後はめちゃくちゃで、ハイパーインフレにもなった。いまお話しているのは、ヒットラーが政権についた一九三三年以降の三〇年代、世界で経済の状況が良い、たとえば成長率が高いとかそういう国はどこかというと、繰り返しになりますけど、スターリンのソ連とナチのドイツだった。ケインズは、イギリスもそうしようというのではなくて、それに代替するものとしてミクロの統制はやらないけれども、マクロのマネージメントをやるというのがケインズの一般理論での基本的な構想だったわけです。こういう歴史的な事実もあるわけです。その他にも、個別のケースで言えば、いくらでもあるわけです。私が、まさに同時代で生きてた一九八〇年前後、当時のイラン、パーレビ二世が国王だったわけだけど、かなり独裁的だった。イスラムを弾圧して最後はホメイニというイスラム指導者が出てきてひっくり返りましたけど、そのパーレビ二世治下のイランというのはＩＭＦの優等生だった。成長率も高かった。

要するに、独裁制と経済成長との関係について、歴史を少しでも学んでいれば、独裁政権というのは経済成長に悪いということを、アセモグルが「証明した」とか、そんなナイーブなことは言えないのではないかということです。アセモグルがどこかのメジャーな雑誌に論文を載せたということでしょうけど、若い世代の経済学者が本を読まないという、そういうピットフォール（落とし穴）でしょうね。

経済学の「経済学学」をどう打開していくか

塚本　順序どおりではなかったんですが、吉川先生の今のお話は、本をめぐる個人的体験から経済学の歴史、そしてその経済学がどう変わっていったのか、現状認識とそれへの問題提起など、とても興味深い内容ですね。経済学がそういう問題ありの傾向になっていったというのは、論文が本よりもあきらかに重視されるという学界の傾向が顕著にでてきたということですよね。さきほど吉川先生が言われたように、たとえば学界の重鎮・ボスが出てきて、そのボスの考えを無条件に浸透させるようなエピゴーネンがたくさん出てきますよね。それで論文が加点されて、国際ジャーナルで何点とかっていうと、それが学者の評価に直結する。だから、教科書なんかを書くなんていうのはマイナスになってしまうわけですよね、ある意味では。お金稼ぎに時間を使ってることになりますから。そうすると、今の状況を考えて、たとえば歴史を学んでいればそういうことは言えないわけだけど、軽々しく「証明した」っていう発言が出てくるっていうことを考えると、やっぱり本を読むということと、たとえば論文を書く、論文を書くために論文を読むっていうことのあいだにあきらかに大きな差が出てきてるってことですよね。もしかしたら本はむしろ有害だっていうことになりかねない、極端に言うとね。論文のほうがはるかに学者の中心的な仕事になるわけですから、当然ながら時間制約もあって、本を読むよりは、論文をたくさん読んでたくさん書き続けないといけない。

吉川　問題は、論文で書かれてる内容について、自分で考えてみるべきだということです。たとえば実証研究の分野だと、いわゆる理論と実証と関連してますけど、ひとつの問題は、データがものすごく豊富になってきていることがあります。それから、コンピューターの計算速度も上がっている。これによって、いろんな実証研究ができるわけですね。そしてそれがまたひとつの「落とし穴」になっている。今でも覚えてるのですけど、労働経済学の分野でシンポジウムがあった。私もコメンテーターとして出て、若くて有名で、仕事をよくやってるような人たちがいろんなデータを使って実証研究をやっていた。この場合のデータって、おおむねマイクロデータなんですね。非常に数が多い。それで論文で何を言ってるかというと、ヨーロッパに比べて、日本の雇用は、一九九〇年代から二〇一〇年くらいにかけて非常に好転したというのが結論。それはどういうことかというと、ヨーロッパと比べて、雇用率が高く、失業率が低い。それで私が、「日本の労働市場で雇用の状況が良くなったというのは、たぶん、世の中の多くの人が持っているパーセプションと全く逆なんじゃないですか」と質問した。「皆さんの論文を読む限りでは、雇われているかどうかということだけど、正規か非正規かということは、データの中にないような感じで読んだけど、その点はどうなんですか」って言ったら、「正規・非正規の区別はありません。それがないデータでしたから」って、それで終わってしまった。これも私に言わせれば、「経済学学」の一つです。日本経済と向き合って実証研究やっていれば、日本中で非正規の比率が高まって大変だとか、これが弊害をもたらしてるとか毎日のように言ってるわけですね。そこのところをまったく見ないで、日本で雇用が良くなったなんて言われても、ちょっとあり得ないというか、何を考えてるんだっていう感じですよね。

あるいはデータとの関係でいえば、現在、インフレが大きな問題ですね。多くの研究者がいろんな実証研究をやってるわけです。彼（ら）の売りは何かというと、毎日とるデイリーデータを使って、実証研究をやっている。それはそれで面白いインフォメーションであるかもしれないけど、インフレがなぜ起きているのかという基本的な問題に答えられていない。インフレはマクロの現象です。「なんにも説明することになってないよ」と言いたいわけです、彼らと話すと、本はなんにも読んでいない。一九八〇年くらいまでの過去の経済学者がやってきた、インフレに関するいろんな実証研究があるわけで、ジョン・ヒックスなんかでもいろいろあるわけですけど、なんにも知らないですよ。知っているのは何かっていうと、アメリカで影響力のある論文で何と書かれているかとか、こういう感じです。「ちょっと待ってほしい」と思う。どう言ったらいいんでしょうね。変な例になるけど、円周率3・1415というんだったら、最近のアメリカで書かれてる論文ってよくいって、3・14の4のあたりの4なのか5なのか、そういう感じなのです。それでじつは、3・14のはずなのが4・14とか5・14になってるような論文。そんなことやってるという感じが私のイメージですね。一体どうなってしまったんだろうと思う。少し昔の論文でもいいし、かなり昔のものは本にもなっているわけです。そういうものを踏まえないと、学問はめちゃくちゃになってしまう。そういう感じですね。

塚本　吉川先生が過去のマクロ経済学、とくにフリードマンやルーカスらの一九七〇年代以降の「新古典派経済学の反革命」について言われているなかで、過去三〇年間に大きなヒューマン・リソース（人的資源）が消失したと言われてますよね。マクロ経済学においても、過去三〇年間の試みから取るべきものは何もないってことを言われています。それとまさに対応する話ですよね。

ノーベル賞の功罪、現実から乖離した経済学

吉川　どう言ったらいいんですかね。現実のポリシー、あるいはポリシー・メイキング、そういうものと学界のギャップが、今ほど大きいことはないんじゃないでしょうか。プレスコットとか、ルーカスもそうですけど、ノーベル賞をもらった。今でもノーベル経済学賞は名誉でしょうが、昔ノーベル賞をもらった先生たちは、経済学という学問、畑をこれだけ耕した人というのは、尊敬に値するなっていう人たちが多かったと思うのですよ。

塚本　サミュエルソンやソローとかですかね。

吉川　サミュエルソンやソローもそうでしょう。私自身の個人的な意見でいえば、ジョン・ヒックスとか、あるいはクズネッツとかレオンチェフとか、ああいう人たちも、すごく立派だった

と思う。

話を戻しますけど、ルーカスやプレスコット、ああいう人たちが何を言ってたか、塚本さんもご存知の通りですが、景気の良い悪いというのは、プレスコットに言わせれば、それは全部「パレート最適」という「効率的な状況」そのものの変動だということなんですね。「不況だ」とか言って騒いでるけど、何も制御できないし、政府は何もやるべきでないと、こういうことですよ。プレスコットは「リアルビジネスサイクル」といって、金融の問題は二義的だ、つまり金融危機などというものはないと。ルーカスはアメリカ経済学会の会長講演で、「景気循環というのは過去のものになった」といった途端に、リーマン・ショックが来たわけです。このギャップですね。

塚本　その点について、まさに吉川先生が『週刊エコノミスト』でばっさり指摘されている文章がありますよね。「ルーカス批判を批判する」って書かれてますけど。まさに経済学を「知的遊戯」にルーカスが変えてしまったと。

吉川　ええ、ルーカスがそうじゃないですか。去年でしたか、バーナンキがノーベル賞をもらったのも。金融危機の火消が上手かったということになってるわけですね。しかしそもそも火事を起こしたのが彼らです。

塚本　グリーンスパンの後継者ですよね。

吉川　グレート・モデレーションとずっと言っていた。「大いなる安定期」だと。今は悪かったのはすべてグリーンスパンみたいになっているけど、今から思うと、グリーンスパンも確かに悪かったとは思うんだけど、グリーンスパンより、バーナンキたちの方が傲慢だった。グリーンスパンの方が実務家としての知恵はあったと思いますよ。

塚本　ノーベル経済学賞って何の意味もないってことなんですかね。

吉川　今はあまりないのではないですか。色あせたことは否定出来ないですね。ロバート・シラーの受賞した時だって、シラーはいいけど、「効率的な市場仮説」のファーマと二人でノーベル賞をもらったのは、支離滅裂ですね。まったく逆の学説をもつ二人が同時にノーベル賞なんて、ありえないじゃないですか。基準は、学界で引用数が多いとか、そういうことですね。

塚本　今のお話を総括すると、「経済学学」っていう事態は非常に加速していて、アメリカの経済学がどんどん日本にも導入されている。日本の学者もアメリカ的な評価を受けるというのが、世間や学界でのステータスを上げるということと当然繋がっているということになりますよね。そうすると、「経済学学」っていう状況をある種変えていくとか、打開するっていうのは、これはもう不可能なのか。できるのならば、どういう形になるんでしょうかね。

吉川　どうなんですかね。第一に、我々の住んでいる「経済」というのは消しようがない。なんだかんだ言いながら、「経済」というのは、世の中、人間社会で人々の関心がきわめて高いものです。ご存じの通り、新聞とかＮＨＫなどいろんなアンケートでも、政府に期待することといったら、景気対策とか、経済を良くしろとか、あるいは社会保障をなんとかしてくれとか、そういうものがどんな世論調査でもトップにくるわけです。昔からそうで、今も変わらないですね。そしてこの状況はおそらく今後も変わらない。となれば、私は政府や中央銀行も含めてですけど、実務家が経済に対して取り組まなくてはいけない役割、それは昔と変わらず、今もあるいは今後も大きいと思いますよ。問題は、実務家が最後はやるんですけど、大臣とか役人とか、中央銀行も含めて、やはり徒手空拳で、何もわからないでやるというわけではなくて、やはりそこに理屈があって、それに基き情報も集め、政策を立案していくということになるわけです。そこに経済学の役割がある。

にもかかわらず、経済学の世界は、私からみれば、かなり混迷している。経済学の世界で、今ある種、いちばん元気があるのは、私の専門ではないけれど、ゲーム理論の世界です。あるいは行動経済学とかマーケットデザインとか、ですね。私はそういう分野を否定しようとは思わないけれども、彼らが問題にしている問題がどれほどの問題かということも、言葉が重なりますが、問題にしなくてはいけないと思うのですね。ミクロの問題が大事でないとは思わないけど、ミクロの問題は、どこまで行ってもミクロです。私はあるとき若い人が書いた『役に立つ経済学』というタイトルだったか、どんなもんだろうと思って読んでみた。そこには、「昔は大言壮語して、経済学というと、上から目線で、天下国家を論じたものだ」とあった。そこら辺まで読んで、この人はやはりマクロ経済学に相当な悪意を持っているなという感覚を持った。つづいて「今の経済学は違います、役に立ちます」と言う。何を言うかと思ったら、たとえば自動販売機のペットボトルの並べ方で、売上が二〇％伸びたとか書いてある。私に言わせると、まあちょっと待ってくれと。「そんなつまらないこと言うな」とまでは言わないけど、やはりバランス感覚を持つべきではないか。ペットボトルの売り上げを二〇％伸ばすというのは、売ってる会社にとっては大問題で、会社の人が頭を使って考えることですが、それに経済学者がなにか助言できるというのは、それはそれでいいですよ。けっして無意味とは思わない。一昔前ならそれは経営学の問題と言ったかもしれないが、それはどうでもいい。しかしこうした問題と違い、たとえば為替レートが大きく動いたりすると、国全体がいろいろ大変なことになる。次元が違うわけです。そういうことがわからないのかなというあたりに、私は疑問符をつけているのです。それからマーケットデザインの話で言えば、研修医の配分という研修医マッチングについても成功例として挙げられることも多いのですが、違った評価もあるようです。しっかり再確認すべきことがあると思っています。

塚本　取り上げられるミクロのそういった問題は身近で、そのなかのいくつかはちょっと面白いかなって思うから、買ってみようかなってなるかもしれませんね。「役に立つ」って言われると余計に反応してしまう。

吉川　いずれにせよ私は、ゲーム理論の射程は限られていると考えています。トマス・シェリングという人が昔いて、彼もノーベル賞をもらったと思いますが、ゲーム理論を使って、たとえば二核大国の分析というのをやっていました。最初から私はこうした分析には批判的な立場でした。今回のウクライナ戦争はどうなんだっていう感じがするんですね。ゲーム理論では「ペイオフマトリックス」というのを、はっきりしないといけないわけですね。たとえば結婚なんて、ペイオフマトリックスと言ったところで終わるんじゃないか。結婚というのは男と女の、恋の駆け引きです。それこそゲームの典型的なセッティングですと言われるのでしょうけど、真面目に「ペイオフマトリックスですか？」と言ったら、「そこが旧世代ですよ、あなた」って言われてしまうのかもしれないけど。

塚本　マクロからミクロ重視、ゲーム理論とか行動経済学って、まあそういう身近な経済学の方が非常に力を持ってきてるってことですね。

吉川　しかしマクロの問題というのは消えないですから。

塚本　消えないですよね。今では標準的なスタイルとなった、マクロ経済学のミクロ基礎づけ的なアプローチ、それにもやっぱり、吉川先生は批判的ですよね。『いまこそ、ケインズとシュンペーターに学べ』でも、シュンペーターのイノベーション理論を精緻化するなかで、最適化する企業の「対称均衡」を仮定してモデル構築する。吉川先生はそうした試みを一刀両断され、「シュンペーターの精神とは無縁のものだ」と喝破されている。そしてそういう理論モデルこそが、所詮は理論家の知的遊戯に過ぎないと大変手厳しい。

吉川　それが「経済学学」ということです。

塚本　そうすると、マクロ経済学で固有の問題というのは、マクロ固有のアプローチが必要だってことなんですよね。

吉川　そうです。結局は「ドマクロ」ということです。

塚本　そうすると、やっぱり立ち返るのは、たとえばジョン・メイナード・ケインズの有効需要の原理、これはもう重要だってことになりますよね。

吉川　ええ。それともうひとつはビジョンですね。今日、何回もお話したドイツの歴史学派は、重要なツールとして、「統計」を非常に重視しています。ご存知のエンゲルがプロシアの統計局長で、あの有名なエンゲル係数の人ですが、どういう統計を作ったらいいのかというとき、そこにビジョンがないといけない。まさにそこなんですね。身近なことで言うならば、ビジョンを育むためには、経済学の古典など基本文献を丹念に読むということでしょう。だから今回の塚本さんの『経済学の冒険』のような書評集は、「経済学の基本書を読む」という原点の重要性を問いかけるものとして貴重だと私は思っているんです。

塚本　そのビジョンっていうのは、かのシュンペーターがはっきり言っているように、経済理論を構築する前に個々の経済学者がもつ「経済を見る眼」ですよね。ビジョンやパースペクティブって、これらはどうやってより力強く培っていくかってことになるんでしょうね。もちろん経済学の古典に通暁し、歴史的なセンスをいっそう磨くというのが地道な努力になるわけですけど。

吉川　それは「経済学学」の反対なんですよ。つまり「現実を見る」ということ。「歴史を見る」ということ。ドイツという国を、歴史学派の人たちは一生懸命に見ていたわけです。その結果、どの時代も変わらない問題としての「格差」が大問題だと考えた。そこで、彼らは「社会政策」という大きな政策の柱を考えた。先ほど彼らはみなマルクス、エンゲルスから非常に影響を受けたとお話ししたのだけど、「社会主義」という言葉も彼らは使う人たちだったのですね。シュモラーが本を書いて、かのビスマルクに謹呈したとき、そこで「社会主義」という言葉を使ったところビスマルクが、「私も社会主義者だ、プロシアの国王は貧者の国王だ」という礼状を、ビスマルクがシュモラーに書いてきた。事実、世界で最初に公的な医療保険を導入したのはビスマルクです。それは比較的よく知られています。もちろんビスマルクにしても、シュモラーにしても、いわゆる革命によってマルクス・エンゲルス的な社会主義に移行するという考えには絶対反対なんだけど、「格差の問題」には非常に強い関心を持って、それを是正するのが社会主義ならば、ビスマルク曰く、私も社会主義者だと。今回の本にも随分書かれている、塚本さんの関心のある伊藤誠先生晩年の「社会主義か資本主義か」という問題はドイツの歴史学派の人たちの最大の関心だったわけですね。

最近、トマ・ピケティとか斎藤幸平さんとか、ブランコ・ミラノヴィッチとか、誰でもいいんですけど、ああいう感じのことというのは、私はかなりドイツ歴史学派の人たちの問題意識と重なるところがあるのではないかと思います。

塚本 だいたい一〇〇年くらい前ってことですよね。

吉川 そうですね、ちょうど一〇〇年くらい前。繰り返しになるけど、戦前の日本にはかなり輸入されていたのです。翻訳を通してね。繰り返し言ったとおり、ドイツの経済学というのは国際的にはホールセールで忘れさられたというか、そのことは残念だと思う。

塚本 経済学のカリキュラムを見ても、現在は吉川先生がいま述べられたような内容の学問を教えるというシステムそのものが消失してきているように感じています。実際もそうなんでしょう。事前の対談用ファイルに記載しておいたように、マルクス経済学の「経済原論」や「経済学史」といった専門科目などは、おそらくこれからどんどん姿を消していく可能性が高い。教える教員がいても、それはその大学の専任教員（テニュア）ではなく非常勤になっていく。経済学カリキュラムの基礎がミクロ・マクロ経済学、計量経済学になるというのはかりにいいとしても、それだけでいいっていうことになってしまうと、吉川先生がさきほどから指摘されてこられた歴史・思想系の科目や、私が刊行した今回の『経済学の冒険』のような本を読むことの重要性のようなものも忘れられていき、そうなると忘れられたものをもう一回やり直そうっていう、そういう機運それ自体がなくなっていく。大学のカリキュラムから作り直していこうっていうこともそもそもなくなってしまうので、学ぶ機会がそもそもなくなってしまうということがありますよね。危機的な状態だと思います。

先輩の岩井克人さん、恩師の故宇沢弘文先生

塚本　ここで少し話題を変えさせていただいて、岩井克人先生の話をちょっとお聞きしたいと思っています。『経済学の冒険』では、岩井先生の本や最終講義の記録など多くを扱っているんですが、じつは本書は、岩井先生の『経済学の宇宙』への大いなるオマージュから生まれたものなんです。『経済学の宇宙』の装幀を担当された水戸部功さんに本書の装幀をお願いすることができました。話をもとに戻すと、たしか吉川先生がエール大学大学院に留学に行かれた頃には、すでに岩井先生は助教授として教えられていたんですよね。

吉川　ええ、そうです。私は、岩井さんを大変に尊敬しています。岩井さんは次元が違うんじゃないか。五年上ですけど、岩井先生の名前との出会いは、大学の四年生の時だと思う。私の前にこういう人がいるんだって、なんていうか屹立したって感じですよね。岩井さんはたぶん一九六九年くらいの卒業です。

塚本　そうですね。東大を一九六九年六月に卒業されていますね。

吉川　いわゆる東大紛争が六八年で、経済学部もめちゃくちゃになっていたわけです。大学の授業は無し、大学自体も封鎖されて、その頃、宇沢弘文先生がシカゴから戻られて、当時の日本開発銀行、いまの政投銀の設備投資研究所というのがあるのですけど、そこでセミナーをやられていた。そこに岩井さんの学年の熱心でよくできる優秀な学生を集めて、宇沢ゼミみたいなものですね。そこに集まったのが、岩井克人さん、奥野正寛さん、それから亡くなられてしまったんですが石川経夫さん、それから同志社でずっと教えられていた篠原総一さんですね。そこで宇沢先生が指導して、彼らが英語の論文を書いた。その英語の論文を、当時ですからタイプで打った論文集、それが設研から出た。それで学部の四年のときに宇沢先生から「こういうのがあるんだよ」と言って、「君らの五年先輩はこういう調子だったんだ」って感じで渡されて、我々はガーンとなってしまったわけです。

大学四年で卒業してアメリカに渡るまでの、つまり三月末の学部大学最後の三ヶ月と、卒業した最初の三ヶ月くらいのせいぜい半年くらいの間に、そうした英語の論文を書いたわけですね。それが岩井さんの最初の出世作だった。それがもう粗方タイプでできていた。彼はそれを持ってMIT（マサチューセッツ工科大学）に留学して、その英語論文をロバート・ソローに見せて、それでソローもびっくりしてしまった。岩井さんの『経済学の宇宙』にあるけれど、それで論文を学術雑誌に送れということで、彼の最初のパブリケーション、大学院の一年生の時、「最適経済成長」

についての論文ですけど、それを書いた。まずは、それが私と岩井さんとの出会いだった。こんなことありえるのかってね。自分と比べて大学を卒業するときにこれほどの水準だったのかという感じで、五年先輩の人たちは本当に偉大だと思った。私も宇沢先生に卒業してすぐアメリカに行けみたいなことを言っていただいてアメリカに行ったときに、岩井さんはエール、石川さんはハーバード、奥野さんがイリノイだったかな、皆さんそういう大学で教えていた。私は一九七四年三月に大学を卒業して、六月くらいにエールに行った。それで岩井さんにお会いしたのが七月か八月じゃないでしょうか。そう、たしか一九七四年七月くらいだった。九月からアメリカの大学に行くということで、英語の勉強のクラスがあるだけで、ぶらぶらしてたのですが、エールのドミトリーに入れて、ある日岩井さんの研究室に訪ねて行ったというのが最初の出会いです。

岩井さんが私に「最初にこれを読んでみたら」と言って、論文を紹介してくださって、それがロバート・ルーカスのものだったんですけど、わからなかったですね。一生懸命に読んだけど、ルーカス理論の真意、おとしどころというのは理解できなかった。岩井さんが丁寧に教えてくれて、なるほどと。日本ではルーカスなんて聞いたこともなかった。一九七二年のルーカスのいちばん難しい論文です。岩井さんはその頃すでに「不均衡動学」をやっていた。ちょうど私の大学院時代というのは、岩井さんの悪戦苦闘の時代と重なっていたということじゃないですか。だから私にとっては、岩井さんは先生です。実際に教えてもらった。博士論文の指導教官のひとりでした。チェアマン（主査）はジェームズ・トービンですが、セカンドリーダー（副査）は岩井さんですから。そういう意味でも、フォーマルに先生です。岩井さんとは七四年に出会ったんですから、それ以来、もう五〇年ですか、そんな時期になるんですね。塚本さんの今回の本にも詳しく書かれていて、塚本さんはもちろんよく分かっているわけですけど、岩井さんが考えていることは、九九％の経済学者と次元が違うということですからね。その意味で、本当に尊敬に値すると思っています。彼がノーベル経済学賞をもらえば私は拍手を送りたい。そう思っています。

塚本　岩井先生の「不均衡動学」はどういう評価になるんでしょうね、現時点から見て。岩井先生ご自身、最近は不均衡動学の「現代版」に挑まれていますよね。

吉川　それはアメリカの経済学者には受け入れられないでしょう。塚本さんが今回の対談用の文書ファイルのなかで『経済学の宇宙』から引用されていたように、岩井さんご自身が、「自分の仕事（不均衡動学）は経済学の宇宙には何ら波紋を起こしませんでした」と書いていますが、それは客観的には事実だと思います。ただ、それはもちろん岩井さんの仕事の意味がないということにはならない。私は今の経済学の教科書のほうがおかしいと思っています。ただそれを言ったところでいかんともし難い。経済学がなんていうのか、ひとつのマシーンになってしまっています。

塚本　岩井先生とは今でもお付き合いがあるんですよね。

吉川　はい。岩井先生も高齢になられて、年に一回くらいです。それくらいの頻度でお会いしています。岩井さんがゲーム理論にどんな印象をもたれているのかというところが気になります。

塚本　宇沢先生の「社会的共通資本」の理論に対する岩井さんの評価について、吉川先生ご自身はどうみておられますか。

吉川　私は岩井さんが言っていることの意味は、よく分かります。我々が教えていただいた頃は髭がなかったですからね。かなりスリムでツルッとした宇沢先生だった。そうした「宇沢マーク1」と、髭をはやされてからの「宇沢マーク2」。「マーク2」で社会的共通資本。それについては、まずは『自動車の社会的費用』（岩波新書、1974年）は、これは本当に歴史に残る宇沢先生の最大の仕事になったのだろうなと私は思っています。宇沢先生はご存知の通り、農業、医療、教育などといろんな分野で社会的共通資本をおっしゃっていますが、私がひとつ感じていることは、宇沢先生が社会とか、人の集団としてのイメージとして持たれていたのは、一高時代の思い出というのが非常に大きかったのではないかということです。旧制高校時代、そこはある意味、特殊なコミュニティですよね。それからもうひとつは、マーク2になられてから、宇沢先生はいろんな地域で、いろんな関係の人たちと実際に直接に会って活動されていたわけです。成田でもそれから水俣でも。そういうところでできているコミュニティというのも、ある種一様で、その限りでは特殊といえば特殊ですね。たぶん、宇沢先生が一番嫌ったであろう言葉が「モラル・ハザード」とか、そのような文言です。何を言っているかというと、宇沢先生は「人間の善意」というようなことに対して、全幅の信頼を持たれていたのではないかということです。もちろん善意を持たなければいけないということ、それはそうですよね。しかし私からすると、私がこの目で見ている社会では、必ずしも現実にそれは成り立っていないのではないかということがある。もう少しはっきり言えば、医療、農業、教育、もちろんどれも大事です。宇沢先生が言われているようにこうあるべきだ、こうでなければいけないというところには異論はない。問題はその次です。では、医師会、農協、日教組をどう考えるかというときに、率直に言って、医療が大事、農業が大事、教育が大事ということと、既存の団体としての医師会、農協、日教組の評価のあいだには大きなギャップがある、というのが私の認識です。実際、今あげたような団体にはいろいろ問題があるのではないのか。そこについて、宇沢先生はそういう認識を持たれていなかったのではないかと、私は思いますね。

塚本　そこは逆にいえば、人間の善意を信用しすぎたということなのですか。

吉川　信用しすぎたと宇沢先生を批判したいとはまったく思わない。だけど現実論になったときの問題です。「日本の半分は農業でいい」と言って本当に日本のGDPの半分を農業にするかというと、それは現実論としてどうなのかと思うわけです。それでも医療、農業、あるいは教育が、非常に我々の社会にとって大事なもので、それは宇沢先生が言われたような、ある種の「社会的共通資本」としての側面があるということは私は素直に受け入れられる。あるいは「コモンズ」

だというのも。ただ繰り返しになりますけど、その次の段階にいったときに、医師会、農協、日教組が、宇沢先生が言われているような意味での「社会的共通資本」としての医療、農業、教育を本当に守ってくれる団体なのかというとそこは違う。

塚本　岩井先生が影響を受けているのが、宇沢先生の『社会的共通資本』（岩波新書、２０００年）にあった「フィディシャリー」という言葉。それは市場でもないし、国家（官僚機構）でもないし、ある種の「信託」というか、「社会的共通資本」、「コモンズ」を最適に管理できるそういう「信託」に任せるべきだという話をされています。そこの問題なんですかね。

吉川　岩井さんはもちろんそれを現実的な話として言われていて、その通りだと思います。農業はともかく、医療・教育などについては、もう半分死語になっていますけど、かつては「聖職」、先生、あるいは医師というのは「聖職だ」と言われていましたね。その聖職という言葉の中には、岩井さんが言われているようなことが含まれていると思いますね。それは岩井さん流に言えば、市場の原理からずれているわけですよ。そのずれがどうにかして資本主義社会を破滅から救っているということだと思う。本来は強欲資本主義と言われるように、資本主義というのは、放っておけば強欲で、それでいったら終わってしまうということなのだけど、その原理からずれた強欲の反対のようなある種の「倫理」とか「責任感」、そういうものがこの社会の安定を保っている。それはその通りだと思います。実際にそうなんですね。

経済学の再生をめざす「経済学の冒険」を

塚本　吉川先生は、経済学史の本とか自伝は書かれる予定はないですか。

吉川　自伝はないですよ。ただ経済学についてはいつか語ってみたいなとは思っています。今ちょうどお話ししたようなことをです。率直な感慨をです。

塚本　ゲーム理論なんかも、東大はわりと率先して導入してたって印象です。

吉川　そうですね。マクロもそう、リアルビジネスサイクルとか。

塚本　マル経がむしろ逆に淘汰されていって、もうなくなってしまったっていう背景もあるんですけどね。それとは別に、昔のセミナーで岩井先生がプレスコットから逆に質問されたっていう話も、『経済学の宇宙』に書かれていました。「お前のモデルというのはパレート最適を満たしているのか」って聞かれて、「いや、そうではない」って岩井先生が返答すると、プレスコットはセミナーから出ていったって話です。本人いわく、岩井先生はあまり英語ができなかったけど、プレスコットやルーカスとは「言語の違い」ではなくて、「理論の世界の違い」の対立だったたっていうことも書かれています。

吉川　それ以外の岩井さんとの笑い話は、一回、イタリアのシエナの学会でのできごとです。

塚本　そのことを岩井さんは『経済学の宇宙』に書かれてますね。故石川先生のプロジェクトだったんですけど、吉川先生が尽力して立て直されたと。

吉川　その流れでしたかね。それとは別に、シエナ大学で三日くらいのシンポジウムがあったんですよ。岩井さんと二人で行ったんです。実はそのあいだに石川先生が亡くなったんだけど。それはともかく、ああいうコンファランスは、始まる日の朝にレジスターするわけです。会場三〇人くらいで、前の日からシエナ大学に泊まり込んで、翌朝ダイニングホールで朝食を食べていた。岩井さんと私が食べていたら、プレスコットがやってきて「座っていいか」と言われて、岩井さんも私もプレスコットの顔を知らなかったですから、深く考えないで「どうぞ」って感じで。そうしたらプレスコットが、この二〇年、三〇年のマクロ経済学がいかに発展したかとか、素晴らしいプログレスがあって、とかそういうことをずっと言っていた。自己紹介とか何もなく、じゃあ後でみたいな。ああ、あれがプレスコットだなって、岩井さんと二人で言ってたらそうだったというのを思い出しますけどね。

塚本　マクロ経済学に対する吉川先生の評価とは真逆ですよね。

吉川　そう、真逆ですね。プレスコットがいうマクロ経済学の進歩があったというその「進歩」について、実はシエナの人たちみんな批判的だったんですよ。そこにはメジャーな経済学者が何人もいて、たとえばフランク・ハーンとか、ウィリアム・ボーモルとかみな批判的だったのだけど、プレスコットは、なんと言えばいいのか、「カエルの面に小便」とでも言うんですかね、しれっとして、「はいはい、またこういう批判ですね」みたいなね。まあ、それはルーカスも同じだったけど。そのことはどこかで自分の本に書いたと思うけど、ルーカスがエールに来てセミナーをやったとき、ある人が「あなたのモデルの中には非自発的な失業がないんじゃないか」、「失業っていうけど、全部ボランタリーで、インボランタリーな非自発的な失業がないんじゃないですか」って言ったら、ルーカスがせせら笑って、「いいですか、あなたはファカルティ先生でしょ。いまどき先生でも非自発的失業なんて馬鹿なことを言う人がエールにはいるんですか」と。シカゴでは学部の学生でも非自発的失業なんて馬鹿なことを言ったら追い出すって言ったんですよ。「失業」というのは定義によって職探しなんだから、すべての失業はボランタリーな経済行為だ。「非自発的失業」というのは意味不明の言葉なんだと。ルーカス（ボブ）がそんな調子でやってたら、トービンがしびれを切らして言った。“Bob, you are very brilliant. However, you have a big disadvantage. I saw the Great Depression, but you didn't”

塚本　見てるってことですよね、トービンは。でもルーカス（ボブ）、あなたは見てないってことですよね。

吉川　そうです。サミュエルソン、トービン、ソローはみな「グレート・ディプレッション（世界大恐慌）」というのを一〇代で経験して、それでみな経済学者になった。ルーカスのセミナーは、一九八〇年頃ですが、それから四〇年経って、現状はもっとひどくなってるっていうのが私の気持ちです。

塚本　さきほどの話に戻っていえば、ルーカスは経済学を「知的遊戯」に変えてしまった、今日のテーマでいうまさに「経済学学」です。

吉川　経済学の中心地はアメリカですね。だからアメリカ社会の変貌というのがある。経済学はやはり社会科学であり、自然科学、数学とは違う。社会の影響をどうしても受けるわけです。会社のあり方とか金融市場と同様に学問も影響を受ける。この五〇年でアメリカの社会は悪くなったんじゃないですかね。そうしたことがいろんな面で反映されてきているんじゃないか、そういうところがあるんじゃないでしょうか。そういうなかで、今回の塚本さんの本にあるように、リーマン・ショックや格差などにより風向きが変わってきた。皮肉なことに、ここ二〇年くらい、いろんな意味でアメリカ社会が悪くなって、岩井さんは元気が出てきたということがあるんじゃないか。アメリカ経済がずっとうまくいっているままだったら、岩井さんには出番がないようなところがあったかもしれないけど、格差の問題から始まって、今やフリードマンの天下も終りつつある。会社でも「強欲経営者」が批判されるように、アメリカですらなった。岩井さんの「会社は誰のものか」の先見性は明らかだ。リーマン・ショックが起きてみれば、やはり自由放任主義というのは本質的な不安定性を抱えていることが誰の目にも明らかになった。リーマンが起きると、さすがにプレスコットはおとなしくなった。ただ問題は、学問の世界では、それがまだ続いていることです。一言で言えば、「シカゴ経済学」がずっと生きているということだと思う。

塚本　岩井先生は、「現実が自分の理論に追いついた」って言われます。不均衡動学がそうですし、貨幣論もそうですし、会社論もそうですし、ようやく現実が自分の理論に近づいてきた。もちろん控えめな言い方ではありますけど。

吉川　岩井さんにとっては「グッド・フォー・ヒム」。

塚本　岩井先生は、経済学は倫理を葬り去ることで成立した学問だと言われていますが、資本主義やそれを基礎づける貨幣、そして人間社会における倫理というもののあり方があらためて切実に問われているということなんでしょうね。今日は長時間に及んで、経済学が直面している現状や今後のゆくえ、そして私が『経済学の冒険』で多く取り上げている岩井先生や宇沢先生についても、吉川先生から大変に興味深く貴重なお話をうかがうことができて有意義な時間を過ごすことができました。本当にありがとうございました。

よしかわ・ひろし＝東京大学名誉教授・経済学者。東京大学経済学部卒、エール大学大学院博士課程修了（経済学Ph.D.１９７８年）。著書に『マクロ経済学研究』（東京大学出版会、１９８４年）、『ケインズ』（ちくま新書、１９９５年）、『いまこそ、ケインズとシュンペーターに学べ』（ダイヤモンド社、２００９年）など。一九五一年生。

間奏曲1

はじめての大学教授――忘れえぬ慶大ゼミ2年間

学部時代の後半2年間、慶應義塾大学の三田キャンパスで過ごした日々を私が今あらためて想い起こしてみると、それは学問のアカデミックさに触れながら、自分が取り組んでみたい研究テーマを真剣に探究していったまさに「ゼミの日々」であったと言い切ることができます。

私はゼミ選考の際、「卒業研究テーマは自由」と書かれてあった樫原正勝先生（2008年に慶大定年退職、同年名誉教授）のゼミに惹かれ、選考試験を受けました。樫原先生の専門はマーケティングでしたが、学部ゼミでは、シュンペーターやA・マーシャルなど近代経済学についての古典とカール・ポパーら社会科学方法論のテキストを輪読することが柱になっていたようです。それは3年次になって初めて詳細に知ったことであり、選考試験の際には知る由もありません。経済学の基礎問題と英文読解の試験、その後、10人以上のゼミの先輩たちと二名の大学院生による面接試験がありました。それと同時に小論文試験があり、採点の結果と講評は樫原先生の研究室で対面にて実施することになっていました。

2年次までの主に教養を学ぶ日吉キャンパス時代、アルバイトと準体育会系のボウリング部のメンバーとしてひたすら練習に打ち込んでいた私は、「学問」としての勉学に本格的に取り組んだことなどありませんでしたから、小論文試験の結果について大学教授みずから口頭で伝えられると聞いたときは、さすがに緊張しました。ゼミの先輩に誘導されて樫原先生の研究室にノックして入室し着座すると、机の上には私の小論文を朱色で採点した答案用紙が置いてありました。時間は20分程度。具体的な会話内容は覚えていませんが、樫原先生がこう言われたことは今でも鮮明に覚えています。「塚本君の小論文の答案、目立った独創的な意見というものはないけど、試験問題の趣旨を理解して、一定の整理をして自分の答案を作成したことは評価できる」と。それを聞いた私は、緊張感がほぐれ、どこからともなくやってくる安堵感を覚え始めていました。大学教授からこうした講評をじかに頂戴できたことは本当に嬉しいことであり、大学に入学してはじめて学問的な雰囲気を味わったのです。

ゼミ試験をパスした私は、残り2年間の三田キャンパスでの大学生活を、樫原ゼミを最大の柱として過ごすことになりました。そしてその2年間のゼミ生活こそが、十数年後に大学教員になった自分自身のまさに原体験にほかなりません。20代前半の日々は二度と戻ってきませんが、ここで得た経験値そのものは年々その輝きを増しながら、いつまでも生き続けているのです。インターネットもスマホもない大学時代、大学のゼミ教室ではいつも「学問」をめぐって活発な討論がありました。週二回、一回に4時間程度の二コマ分をおこなうゼミは、大変さ以上に楽しさがありました。アルバイトやサークル・部活動とはまったく違った知的空間があったからであり、それは「学問」という「世界への扉」だったのです。

樫原先生はきわめて情熱的で、学部ゼミでの毎回の指導は本当に親身になっておられました。自分が大学教員になった今となってみると、その立ち振る舞いは感動的ですらあったといえるでしょう。3年次の三田祭での研究発表の準備は、樫原教授の研究室で定期的に実施していました。定期試験後には樫原先生のご自宅にゼミ生全員が招待され、海水浴や食事や歓談を楽しみました。夏と春のゼミ合宿では盛りだくさんの「宿題」を課していただき、それをこなしてからの参加になりました。悲鳴を上げながらではありましたが、それでも楽しさや充実ぶりがはるかに勝っていました。とりわけ4年次以降からの本格的な卒論指導に、樫原先生はいっそう情熱的かつ厳格でした。「社会主義の分権的修正モデルの意義と限界──W・ブルスの『分権化モデル』を通じて──」と題する卒業研究で、1995年度の懸賞論文に入選し、『三田商学学生論文集』にその論文が掲載された際、樫原先生は本当にとても喜んでおられました。私の卒業後、そのことを樫原先生は後輩ゼミ生に口頭で伝えておられていたようで、卒業研究で受賞作を生み出すことは、その後も引き継がれていったのです。

東大の大学院時代に私は3・4回程度、樫原ゼミの春・夏合宿（私の記憶では、春は二泊三日で箱根、夏は四泊五日で越後湯沢）に参加しています。このような慶大OBは、私以外におりません。樫原先生はもちろんですが、後輩ゼミ生も私の参加を歓待してくれ、そのときの風景と想い出もおのずと蘇ってきます。樫原先生が現職教授のときは、毎年必ず「樫原正勝ゼミOB会」が慶大で開催されました。あるとき私が遅れて参加した際、樫原先生は「塚本君が来たから、あとで彼に何か話してもらおう」と気遣ってくれるのです。私には本当にありがたいことでした。

樫原先生と樫原ゼミから学んだことは数多くあります。「日常」をこそ大切にするようにと、樫原先生はいつもわれわれゼミ生に助言されていました。三田祭の研究発表や春・夏のゼミ合宿、毎月の定期的なコンパ、慶大ゼミ対抗のスポーツイベントなど、こうした行事もたしかに重要だけれども、事前の準備学習をふまえた毎週毎週のゼミでの輪読や卒論報告での真摯な議論をこそ、大学生活の中心に据え置くことが、大学生の本当の意味での人格形成に大きく資するのだということです。そのことはやはりなんといっても、大学時代にしかできないことを大学でしっかり学ぶことの大切さにはっきりと繫がっているのです。繰り返します。「はじめての大学教授」は、私にとって「はじめての学問の扉」を開ける、まさに出発点へと導いてくれた存在にほかなりません。

東大大学院に進学以降、私は伊藤誠先生や岩井克人先生らと新たな知的交流を経験していきましたが、それでもなお原点こそは、2年間の慶大ゼミなのです。学部時代の学問体験が、いかにその後の人生に大きな意味をもたらしうるのか。その学問体験を、時代と世代をこえて、今度は愛知大学の学生諸君に還元していくことが私自身の使命です。そしてそれは、じつは私自身の教員、人間としての成長の糧にもなるのです。

第三章　書評という世界

——資本主義とこれからの社会のゆくえ

◉本書の副題「本を読み、文章を書く」に最も近いのが、本章「第三章　書評という世界」です。「文章を書く」ことは、たんにアウトプット（出力）するにとどまらず、その過程で自分自身の中にすでに蓄積されている（と思われる）既存の考え方や知識・見識などを呼び起こし、あらためてインプット（入力）し直すことでもあるのです。書評というものを書き続けることで見えてくるのは、「書評という世界」の奥深さです。学問としての経済学がその出発点から考察対象としてきた「資本主義」についての書物をメインとしながら、ここでは計8本の書評を所収しています。

宇沢思想の知的遺産、現代にどう活かすか――経済学と資本主義の混迷のその先へ

佐々木実『今を生きる思想　宇沢弘文 新たなる資本主義の道を求めて』（講談社現代新書、２０２２年）

本書は、著者がその既刊書『資本主義と闘った男――宇沢弘文と経済学の世界』（講談社、２０１９年）をふまえ、一人の人間と経済学者としての宇沢弘文（１９２８〜２０１４）の足跡をコンパクトに描き出した作品である。

凝縮された内容だが本書はとても読みやすく、宇沢弘文についての最良の入門書といってもよい。公害・環境破壊、地球温暖化、格差・不平等、教育・医療などの根源的問題を先駆的に透徹した深い眼差し。人間と自然の荒廃をもたらす〈資本主義〉そのものに起因する災厄に人類はどう対峙していくべきか。宇沢に独自の解答がそこにある。

当該書評でとくに着眼したいのは、著者が「宇沢弘文はこれから再発見されるべき経済学者であり、思想家なのだとおもう」〔佐々木実『宇沢弘文』講談社現代新書、２０２２年、１２６頁〕という一文で本書を締め括っていることである。以下では三つの論点を提示したい。

一つめの論点は、宇沢自身における主流派の新古典派経済学というものに対する最終的な評価とその立ち位置についてである。

東京大学理学部数学科出身の宇沢は、当初関心のあったマルクス経済学から近代経済学へ転向し、ノーベル賞のケネス・アローに送付した論文が認められ56年に渡米。その後は、経済成長理論（とくに「宇沢二部門成長モデル」は世界的名声を獲得）をはじめとする数理経済学の先端的論文を発表し続け、アメリカで「あっという間に学界中枢の経済学者たちに受け入れられた」〔同書、36頁〕。36歳の若さでシカゴ大学教授に就任。だが、宇沢の学者人生はけっして直線的ではなかった。米国で最も世界的名声を得ていたときに、泥沼化したアメリカのベトナム戦争が重大な契機となり、「アメリカ経済学」から離反して68年に帰国。その後はまさに「行動する経済学者」として、「環境」を中心に据え置いた、いわゆる「社会的共通資本の経済学」の構築に本格的に挑み始めたからである。

日本の高度経済成長がもたらした「負の遺産」を経済学者としてどう受けとめ、対峙していけばよいか。1971年4月に宇沢が発表した「混迷する近代経済学の課題」は、著者によれば、「はじめて近代経済学を真正面から厳しく批判したという意味で、宇沢の画期をなす論考だった」〔同書、73頁〕。公害や環境破壊の現実を突きつけられ、「経済学の限界」をも感じるようになった。ベストセラー『自動車の社会的費用』（1974年）は、岩波編集担当の大塚信一によれば、「新古典派経済学の枠組みを離脱するぞ」〔同書、86頁〕という宇沢自身の強い宣言にもとづく書だったという。

新古典派批判は宇沢においてまさに自己批判にほかならず、「社会的共通資本」を中軸とする新たな経済学の構築は、その自己批判という手続きを経ることが不可欠であった。だが、この点における宇沢のスタンスはきわめて両義的だ。著者による次のような総括的見解をわれわれはどう評価し、理解すればよいのか。「『新古典派理論を根源から批判し、同時に、新古典派理論の分析テクニックを駆使する』という、矛盾に満ちた境界領域を宇沢は踏破していくことになる」〔同書、89頁〕。

宇沢弘文を師とする岩井克人によれば、正義感にもとづき「新古典派理論からの脱却」を試みながらも、彼自身の分析手法はすべて「新古典派理論の枠内」にとどまっており、宇沢はそのあいだで長らく「葛藤」していたとし、そのことを「宇沢問題」とみなしている（岩井克人『経済学の宇宙』日本経済新聞出版社、2015年）。岩井は宇沢追悼文（日本経済新聞朝刊、2014年9月29日）においても、新古典派的分析手法という「冷徹な頭脳」とフリードマンらの自由放任主義批判という「暖かい心」とのあいだにある宇沢のギャップについて論及している。「宇沢問題」は後世に引き継がれる問題といえるだろう。

こうして、「新古典派経済学者としての宇沢」と、新古典派批判にもとづく「社会的共通資本の経済学者としての宇沢」とのあいだの関連とその位置づけという、より大きな射程をもつ内容が二つめの論点をなす。

著者は間宮陽介の見解を援用しながら、宇沢の資本主義観は、「社会＝市場＋非市場」と把握したカール・ポランニーのそれに類似しており、「市場は社会に埋め込まれている」〔同書、97頁〕という。そして後者の非市場領域がもつ固有の役割を分析しうる概念として、宇沢は「社会的共通資本」——自然環境や社会的インフラ、教育、医療、司法、金融などの諸制度からなる——を導入した。ここで重要なのは、非市場領域としての「社会的共通資本」があることによって市場は機能しうるということにほかならず、「生産手段の私有制を前提とする市場経済制度はむしろ、『第二義的（secondary）な制度』として位置づけるべきなのではないか」〔同書、98頁〕という宇沢の認識だ。フリードマンらによる市場原理主義は、「市場」が機能しうるために不可欠な「非市場」をさえ「市場化すべき領域」とみなすことで、自己矛盾に陥る誤謬を犯している。さらに著者によれば、宇沢が分析対象の中心的概念に設定した「環境」そのものに能動的に働きかける人間を措定するヴェブレン制度主義とジョン・デューイのリベラリズムこそが、「社会的共通資本の経済学」を基礎づける。

宇沢の「社会的共通資本の経済学」の積極的意義をより強く見据えるためには、それが新古典派に対していかなる代替理論をなすのか（なさないのか）をより明確にする必要がある。一つめの論点のときと同様に、次のような著者の総括的見解をわれわれはどう捉えればよいか。「社会的共通資本の理論を建物にたとえると、新たな建物を建築するための道具が不均衡動学理論のはずだった。しかし実際には、不均衡動学理論は道半ばで完成にはほど遠い状態だった。建物の建築を急ぐ宇沢に、道具の改良に時間を費やしている余裕はなかった。出来合いの新古典派理論に頼るしかなかった。数理分析を必要とする宇沢にとって、新古典派ほど整合的な理論体系、分析方法を備えた経済学はほかになかったからである」（同書、109頁）。宇沢による新古典派への評価とスタンスそのものが、結局のところ、「社会的共通資本の経済学」の潜勢力のゆくえを左右するのではないだろうか。宇沢の資本主義観が主流派と「対立」していることは本書から理解できるが、理論的にどう「代替」しているかは必ずしもはっきりしない。

社会的共通資本と制度主義、リベラリズムのトライアングルから導かれる宇沢の〈新たなる資本主義〉とはなにを意味し、それは〈資本主義〉という名称で果たして表現してもよいのか。この三つめの論点は、宇沢にとってと同時に、社会科学としての経済学にとっての「未完の問題」といえるかもしれない。宇沢弘文を「これから再発見されるべき経済学者」として明確に再認識しなければならないという、本書のこの単純明快なコアメッセージの含みを把握することこそが、宇沢思想の出発点なのだ。宇沢自身を表現した終章の表題にある「SHADOW」の経済学（者）は、その意味でむしろ本書の「序章」をなしているのである。

経済学史をいま〈復権〉させるために――時代における〈自由放任主義〉の支配と転回

西孝『いまを考えるための経済学史――適切ならざる政府？』（日本実業出版社、２０２３年）

経済学史のテキストは数多く存在するが、「政府の役割」という経済学の中心的論点から「経済学の歴史」を再構成したのが本書である。とても読みやすく、各章巻末の多様なコラムも勉強になる。「経済学史」に知的関心を寄せる学生諸君らに限らず、幅広い世代に推奨したい。

そもそもなぜ「経済学史」という専門科目が存在し、それを学ぶ必要があるのか。冒頭「前奏曲」において著者は、経済学という学問自体が自然科学よりも道徳哲学や社会思想とはるかに親近性をもつといい、そしてこう明言する。「いまある新古典派経済学は、……それ以外のさまざまな理論や学説を排除して、置き忘れて、無視してきた結果として、あるいはさまざまな偶然の結果として存在していることになります」〔西孝『いまを考えるための経済学史』日本実業出版社、２０２３年、１３頁〕。それゆえ、「経済学史」の存在によってこそ経済学は常に「反省的な」学問となり、経済学を「より良くする」決定的な契機を得ることができるわけだ。

以下では三つの主要論点に焦点化しながら、本書の内容を概観・論評することにしよう。一つは、トーマス・マンやJ・ステュアートらの「重商主義」学説と、アダム・スミスやケネーらを起点とする自然法思想にもとづく「自由放任主義」とのあいだの断絶と対立についてだ。

重商主義について、「経済現象の認識や政策のあり方について、きわめて今日的な感覚が感じられるのです」〔同書、78頁〕と著者は述べ、「貨幣的」要因を無視しすぎている19世紀経済学を相対化する視点を打ち出し、重商主義学説の的確な再評価を試みている。だが、重商主義に豊富に存在していた「貨幣の思考」を抑圧することで重商主義学説を全面的に否定し、「自由放任主義」を基礎づけたアダム・スミス以降の古典派・新古典派経済学においては、「貨幣の忘却」とあわせて、概して「政府（の役割）の忘却」も加速化していった。もちろん著者は正しく、「スミスは決して市場メカニズム至上主義者だったわけではありません」〔同書、100頁〕と指摘しているが、自然法思想の申し子であるスミス経済学の根幹には、現実の価格である「市場価格」とは対照的に、長期的に実現されうる理想の価格である「自然価格」が厳然と優位に置かれている。それはリカードを経て19世紀の新古典派経済学において「均衡価格」としてその名称は変えながらも、経済学上の「思考」は微動すらしていない。こうした一連の論理的思考がいわゆるセイ法則に帰結し、一般的過剰供給としての不況はおこりえないものとして、それが理論体系から抹殺されたことはいうまでもない。

二つめは、こうした「自由放任主義」に対する多様な対抗原理と経済思想の潜勢力をめぐる著者に独自の考察だ。セイ法則を否定し、「階級の利害対立」の視点を最も早くに指摘したシスモンディ、マルクスとエンゲルスの「社会主義思想」、J・S・ミルの「政府の役割」論、リカードらの古典派経済学に対峙して「生産諸力の理論」の意義を説いたF・リストの政治経済学、ピグーの「市場の失敗」論、ベバリッジらによる「福祉国家（社会）」論、そしてケインズの「自由放任の終焉」論と「有効需要」の原理など、本書では、「いま」という現代を考え直すために再評価に値する経済学者の多面的な「思考」がコンパクトかつ平明に概説されている。

ここでは、とりわけ「セイ法則」を真っ向から否定したケインズの経済理論が特別な意味をもつ。ケインズが「セイ法則」を否定しえたのは、彼が「貨幣」というものに基礎を置く資本主義を考察対象にしていたからにほかならず、著者のいう「貯蓄が必ず投資される保証はない」〔同書、189－190頁〕のも、われわれが不確実性に満ちた貨幣経済に生きているからだ。かつての「貨幣の忘却」と「政府（の役割）の忘却」という両輪をなす支配的事態が、ケインズの経済理論の登場によって、「貨幣の復活」と「政府（の役割）の復活」へと根源的な転換を果たすことになったわけである。

ケインズの経済学は、1970年代以降、それに対するフリードマン、ブキャナン、ハイエクらの新自由主義的「反革命」によって、理論的・政策的影響力の後退を余儀なくされていく。われわれはこのような「自由放任主義」の強靭な生命力としぶとさをどう把握し、新たに対抗していけばよいか、これこそが最後の三つめの論点をなす。この難問には即答しえないが、著者自身がこう述べていることは傾聴に値する。「第二次大戦後の経済体制への一種の反動として登場する新自由主義の『小さな政府』という議論は、新しいものはほとんどなく、すでにJ・S・ミルによって論じられていることの〝装い〟を変えたものにすぎないと思われるのです」（同書、149頁）。

著者が第1章で「近代国家論」や「社会契約論」に寄与した思想家の学説を扱っているのも、それらが「いま」を彩る現代においてこそ、いっそうの輝きをもつ可能性に富んでいることを示唆している。本書の最後で提起される「政府の役割」についての著者の試論については、読者自身で考えてみてほしい。「経済学史」のあり方を真摯に問い直す本書は、それをもこえて、学問としての「経済学」に新たな息吹を吹き込む作品だ。

時空を超えて響き合う雄大な〈ビジョン〉――「共創」精神の深化が導く新たな経済学の実像

吉川洋『いまこそ、ケインズとシュンペーターに学べ』（ダイヤモンド社、2009年）

岐路ないし峠を語源とする「危機（crisis）」の処方箋を求めるとき、人はおのずと「過去」へ回帰する。そこに待ち構えていたのは、二度の世界大戦と大恐慌に象徴される激動の時代の最中を果敢に生き抜いた天才経済学者のケインズとシュンペーター。昨今の世界金融危機に彼らがいかなる発言（苦言）を呈するか、これはなかなかスリリングな問いかけではないだろうか。真摯かつ謙虚に「学べ」と謳う本書の表題は、いくぶんトーンが高く熱気を帯びた、たくましいタイトルである。元原稿の連載開始は2001年。当該著作は吉川氏の長い思索の結晶であり、「危機それ自体の産物（便乗本）」ではない。

本書の主要目的は、ケインズとシュンペーターの主著にもとづく知的遺産やその現代経済への影響・教訓を、時代的・歴史的背景に考慮して立体的に描き出すことだ。両雄のビジョンと経済学の鋭い対照性に主眼を置きながら、日本人を含む数多くの多彩な経済学者との交流を巧みに盛り込んで展開される論述内容は、啓発的な国際経済学説史（理論史）に値する迫力を有し、ひときわ読み応えがある。いわば「国民目線」に立った筆致も十分にうかがえる。それは時折、間奏曲（10頁前後の短い諸章）を挿入した交響曲を奏でているようだ。日本経済の位相（高度成長期、バブル崩壊期、デフレ不況期）に絡めた、ケインズとシュンペーターの主著の平易で明晰な解説も、本書に対する親近感を高めよう。

ケインズの経済学は、有効需要によって一国全体の産出（雇用）水準が決定されるビジョンを精緻化した「有効需要の理論」である。「投資」を最も重要な戦略的変数とみなす理論は、その不安定性に資本主義経済の変動・景気循環の主因を見いだす。貨幣の保有動機と密接に関連しあう将来に対する「不確実性」や「長期の期待」も金融市場の動的不安定性を引き起こす諸力をはらむ。人間の内的衝動（アニマル・スピリッツ）がケインズ理論の基底にある。シュンペーターの経済学は、事務的ルーティンをこなす経営者とは次元を異にする企業家によって遂行される新結合（新商品や新生産方法の開拓）が、資本主義経済の本質たるダイナミズムと捉えるビジョンを体系化した「イノベーションの理論」だ。それは外的変化への適応でなく、既存の経済システム内部から新たな質的変革を生み出す非連続的な「発展」、つまり「創造的破壊」のプロセスが骨格をなす。

ケインズ（マクロ、短期、需要サイド、貨幣的理論、貨幣的現象としての利子率、不況・失業解消論）とシュンペーター（ミクロ、長期、供給サイド、実物的理論、実物的変数としての利子率、不況・失業宿命論）の学説は顕著に異なり、みずからのビジョンと経済学の統合など当人らはそもそも想像すらしえなかったであろう。とはいえ、彼らが標榜したビジョンは「人間的（生物的）」ゆえに本源的弾力性を有し、包容力に富む。ケインズが一貫してシュンペーターを無視したのに対し、シュンペーターはケインズを強く意識し続けた事実にも留意するとき、両経済学の「有機的統合」をめざす著者の営為は、ある種の逆説的インパクトを照射しすこぶる興味深い。その当時、両者間で生じうるはずもなかった有意義な「対話」を実現させるべく、二人が交叉する一点を「需要の飽和」に帰結させ、「需要創出型のイノベーション」モデル——資本主義における最も枢要な核心的論拠——という斬新なマクロ経済理論の実像の意義が語られる。そこには、過去30年間に及ぶマクロ経済学の迷走ぶりへの率直な批判精神とともに、「共創」精神が示唆されている。

著者は、「世界的な金融危機、大不況の下でわれわれに導きの糸を与えてくれるのは二人の経済学だ」〔吉川洋『いまこそ、ケインズとシュンペーターに学べ』ダイヤモンド社、２００９年、２７０頁〕と総括する。〈未知なる可能性〉という意味合いも含意されていよう「極上のレンズ付きの眼鏡」と称される両者の経済理論は万能ではないが、経済学のフロンティアを切り拓く大河となりうる。ケインズとシュンペーターが打ち出した雄大な〈ビジョン〉は今も健在だ。「ケインズ＋シュンペーター＝2」ではけっしてない。

本書を読了し自然と愛着めいた感慨が湧き起こるのは、著者自身が偉大なる先達としてのケインズとシュンペーターに多大な敬意を払って接しているからにほかならない。経済学の快活な息吹が鮮やかに内包された力作の誕生である。愛着は果たしてどこに帰着するのだろうか、それは吉川ビジョンのより一層の成熟を待ち望む純真な心的姿勢にちがいない。

『会社はこれからどうなるのか』はどうなるのか――ポスト産業資本主義時代を生き抜くために

岩井克人〔原作〕『マンガ　会社はこれからどうなるのか』（〔マンガ〕大舞キリコ、〔シナリオ〕星井博文、平凡社、2023年）

就活し、いずれ社会人として会社で働くことになるとりわけ大学生にとって、「会社とはなにか」、「会社はこれからどうなるのか」という理論的・現実的問題を深く考えてみることは大きな意義をもっています。

岩井克人先生の『会社はこれからどうなるのか』（単行本2003年、平凡社、文庫版2009年、平凡社ライブラリー）の当該コミック版は、素敵な作画と家族を中心とする物語をつうじて、原著の内容をコンパクトかつリアリティをもって読者に伝えています。原著のイントロダクションとしても有効活用でき、なによりとても楽しい作品です。ただ、コミックの内容そのものは専門的・学術的です。

最初に注目しておきたいのは、コミック版の巻末「「原作者」から」に記載されている次のような一文です。岩井先生が「20年前に本を出版したときは、それだけで会社に関する人々の考えが変わってくれるのを期待していました。だが、私がほかの研究に没頭している間、株主主権論は弱まるどころか、強まっていきました」〔岩井克人（原作）『マンガ　会社はこれからどうなるのか』平凡社、2023年、166頁〕。会社は株主のお金儲けの道具にすぎないとみなす株主主権論という「通念」がいかに人々の間に強く浸透・定着し、その「通念」からの脱却が困難であるかをこの一文は端的に示しているのです。したがって、岩井先生の「会社・法人」論は、従来の標準的かつ主流派的な思考様式（通念）に対する根源的批判こそが基礎にあるのであり、その理論的内容を正確に把握することが、『情況』誌の「読後感」タイトル（『会社はこれからどうなるのか』はどうなるのか）への解答をなすことになると考えられます。岩井「会社・法人」論は、「資本主義」論との有機的関連のなかで理解し位置づけなければなりません。コミック版の第4話が「ポスト産業資本主義」で締め括られていることからも、それはあきらかでしょう。

一つめは、「資本主義」においては、それが「普遍的」でありながらもそのなかに「多様性」をもつ驚くべき仕組みとしての「会社＝法人＋企業」が存在しているということであり、このことは、岩井「会社・法人」論が構築した「二階建て構造論」からの論理的帰結にほかならないということです。収入から費用を引いた「利潤」を追求する資本主義という社会経済システムはまさに最も単純な「引き算」の原理のみで動いており、いうまでもなく利潤は、「貨幣」でその経済的価値が一元化されます。資本主義がグローバルな規模で普遍化するのもそのためです。その資

『マンガ　会社はこれからどうなるのか』（原作：岩井克人、マンガ：大舞キリコ、シナリオ：星井博文、平凡社）より

本主義という仕組みのなかに、じつは、「ヒトとしての会社（法人）」と「モノとしての会社（株式）」という二面性をもつ「会社」が存在しており、そのどちらを重視するかによって会社形態そのものが多様なあり方を実現しうることになるのです。たとえばモノ性が排除され、純粋にヒトとなった非営利法人であるＮＰＯ法人の可能性にも、本書では大きく注視されることになります。こうして単なる「平屋建て構造」の企業と「二階建て構造」としての会社を理論的に明確に峻別したことは、岩井「会社・法人」論のきわめて重要な特徴をなしています。

二つめは、「資本主義」における会社（法人）と経営者がいわゆる「信任関係」にあることによって、そこには「忠実義務」という「倫理的」要求がなされ、それゆえ資本主義の真っ只中にまさに「倫理」というものが厳然として存在しているということです。岩井理論によれば、資本主義は「倫理」によって支えられているといってよい。『経済学の宇宙』（日本経済新聞出版社、２０１５年、文庫版２０２１年）のなかで岩井先生は、倫理を葬り去ることによって成立した理論体系こそがじつは経済学という学問であったと回顧されています。自己利益の追求こそが社会全体の利益の増進に寄与しうるというアダム・スミスによる有名な「見えざる手」の思想こそが、倫理を葬り去る経済学の理論体系の出発点にほかなりません。岩井先生は「資本主義」社会の中心的存在をなす「会社」を「法人」論として研究していくなかで、「倫理」に基礎を置く「信任関係」を新たに再発見し、それを復権させたのです。このことが、主流派の新古典派経済学への根源的批判を明確に含意していることはいうまでもありません。

最後の三つめは、資本主義は「差異から利潤を生み出す」という資本主義の基本原理を貫徹する仕組みにほかならず、従来の産業資本主義からポスト産業資本主義への転換にあたり、「会社」はその基本原理を「意識的に」実践しなければならないということです。岩井理論によれば、ポスト産業資本主義こそが「資本主義の最も純粋な形態」なのであり、「会社・法人」の形態は、「差異性」を生み出すうえでまさに多元的普遍性をもっているのです。ポスト産業資本主義においては、利潤の源泉がモノではなく、「ヒト」の知識や能力・経験こそが他（者）との「違い」を生み出すのであり、これからの会社は、「おカネで買えない何か」をどのように創出しながら利潤を確保していけるのかをよりいっそう真剣に考え直さなければならないのです。ヒトが財産となる「人財」がますます大切な社会になっていくわけです。

本当の差異性がなにかを知るためには、なにが差異性でないかを知る知識や経験が必要なのだと、岩井先生はコミック版の最後に強調されています。この主張はきわめて含蓄に富んでいます。大学生は専門的な知識（たとえば経済学）を学ぶにとどまらずその「学び方」そのものを学ぶ主体であり、社会人になって差が生じるのではなく、じつはすでに大学時代に差は生じているのです。「会社とはなにか」を考え直すことをつうじて、「大学（生）とはなにか」という自分自身に関わる本質的問題に明確に直面しているのです。

ふたたびコミック版「「原作者」から」に立ち戻ってみると、今回のコミック版誕生の理由は、『会社はこれからどうなるのか』という「この本で提示した会社の理論に、現実の社会が追いつきはじめてきたからです」〔同書、166頁〕とあります。『会社はこれからどうなるのか』で提起された数多くの「学問上の真理」のこれからの未来における重要性がますます増していくこと、岩井先生によるこの一文こそが、じつは今回の「読後感」タイトルに対する最も率直かつ純粋な「解答」を示唆しているといえるかもしれません。

「人生の地図」をつくる楽しさを知ろう——経営・ビジネス理論の独自の活かし方

橋本努『「人生の地図」のつくり方——悔いなく賢く生きるための38の方法』（筑摩書房、２０２４年）

人がよりよく生きるためにはどうすればよいか。これはきわめて奥深い、人間にとっての究極的で普遍的な問いかけのひとつでしょう。著者がキーとするワードこそまさに「地図」であり、本書は「人生のつくり方」ではなく、「人生の地図のつくり方」を多彩な観点から提唱しています。先人が遺した思索や知恵の総体が「地図」のつくり方に寄与するのです。

本書は、とても画期的な作品です。「他に類のない思考のスタイルで書き進めた」（あとがき）と回顧されているように、本書は経営学・ビジネスの理論、宗教・哲学、社会・経済思想の幅広い学術的知見をふんだんに活かし、「人生の地図」をつくるための貴重な手がかりを数多く提示してくれているからです。文章もキレのある短文で読みやすく、なにより読んでいて本当に楽しく勉強になる。本書全体をつうじて、既存の理論や知識を紹介するにとどまらず、著者による独自の「改訂・拡張版」が随所にちりばめられており、われわれはみずからのパーソナリティや人生についての考え方を再認識しながら、いわば本書とシンクロナイズしながら読み進めることができるのです。これまで自分が何気なく自覚していたつもりであったことも、意外な発見や驚きが待ち構えているはずです。

みずからを俯瞰視する立場から本書の「38の方法」と向き合ってみると、評者の私は以下のトピックスにとりわけ強く着眼できました。

第1章の「6　人生の岐路で悩んだとき、どうする?」では、人々にとっての「困難な選択」という問題を多角的に再考しています。それは、「事柄の重要性」については「直感的に高いと認識」できる反面、「答えの確かさ」については、「直感的に低いと認識」される性質をもっています。人生を有意義なものにするための方法のひとつは、自分が重要だとみなすことができる課題を発見することであり、その探究の旅こそが人生の大きな側面をなしているのです。「重要な課題」を見いだすことは容易ではないかもしれませんが、他人の人生を疑似体験することが有効な場合もあるでしょう。ここでの考察は、第3章の「16『ジョハリの窓』を使って、自分を開く」というトピックスとも有機的に関連しています。

第2章の「11　さまざまな『人生のピーク』を知ろう」では、新しいものを学習して覚える「流動的能力」のピークは20歳前後でやってくるのであり、そこからみれば、人生の大半はすでに「第二の人生」に突入しているといえるかもしれません。なかなか衝撃的な内容です。「13　理想と現実、どう折り合いをつける?」は、「人生とは、自分のポテンシャルの全体である」のだから、ポテンシャルの発揮そのものよりも自分のなかにある無数のポテンシャルに気付くことに積極的意義を見いだそうと推奨しています(第4章の「20『これからの人生』を組み立てるために」で紹介されている「モルフォロジカル・ボックス」理論、第6章の「32 あなたは『生きがい』を持っていますか?」での「生きがい(ikigai)」論にも通じています)。こうした諸考察の背景にあるのは、先人の思索と生き方に謙虚に学ぶという姿勢です。「14 宗教と哲学に学ぶ『人生のプロセス論』」では、宗教や哲学が「人生の地図」形成のコアになりうることが強調され、いってみれば、宗教と哲学のもつ無限のポテンシャルに気付こうではないかという著者の呼びかけであると把握できます。

優先順位は違っても、われわれはみずからのキャリア形成における「職業」の大切さを知っているはずです。仕事ひいては人生のなかの「錨(いかり)」を表すキャリア・アンカー理論を扱った第4章の「18 あなたのキャリアの中核には何がある?」においては、まさに「アンカーとは、自分が絶えずそこに引き戻されるような重心」にほかならず、「人生の錨を知ることとは、自分の人生を縛るものについて理解することでもある」〔橋本努『「人生の地図」のつくり方』筑摩書房、２０２４年、１５１頁〕のです。きわめて含蓄に富み、印象深いメッセージです。ちなみに、「キャリア・アンカー構造の円型モデル」〔同書、１５０頁〕に照らしてみると、評者の私自身は、「変化に開かれた態度」と「いまの自分を超える態度」のいずれにもまたがる箇所に位置づけられるようです。

第5章「自分の『立ち位置』を知ろう」というタイトルは四つのトピックスを考察していますが、社会・政治経済思想の知見が「人生の地図」形成にどのような関わりをもっているのかを知ることができます。「右派と左派の対比は、私たちの人生観の違いを表してもいる」〔同書、202頁〕という一文は難しく聞こえますが、権威―反権威（リバタリアン）、自由経済―計画経済という経済・社会問題をめぐる二つの対立軸から導かれる「ポリティカル・コンパス」（「24 政治的なポジションを知るには？」）を眺めると、われわれの日々のくらしに直結している諸問題についての「立ち位置」が明確になるのです。民主的な議論を活性化するうえでも、左派と右派の対立構図を示した「ポリティカル・コンパス」は有益といえるでしょう。

第6章の「29 現代社会で求められる『コンセプチュアル・スキル』とは？」では、著者は学部時代の留学体験から帰国後に資格試験に取り組んでみたが、最終的には哲学や観念・批評の分野に大きな知的関心を見いだした。それらの本を読んだ理解度は十分ではなかったけれど、「この分かった気分という勘違いが、その後の私の人生を導いた」〔同書、246頁〕のです。ここは本書において、著者自身のパーソナリティ、キャリア形成の実体験を述べたほとんど唯一の箇所であり、短い紙幅ですが見逃せません。

21世紀はまさに「コンセプトの時代」であり、ビジネスの世界においても「抽象的な概念」を操り駆使する「コンセプチュアル・スキル」が必須ともいえるようになりました。「コンセプチュアル・スキル」は企業経営のトップに最も要請されますが、学生時代にこそ、こうした力がいずれみずからにも必要になるであろうことに気付いておくべきでしょう。本書の諸考察を貫く「自生化主義」という著者の思考術（あとがき）も、「概念」を真剣に論じた哲学や批評への絶えざる関心の知的決算として生み出されたものだからです。なお、より大きな独自性と射程をもつ第7章「五つの『知の創造』論」は、読者自身で読み進めてほしいです。

評者の勤務する愛知大学は、「知を愛し、世界へ」というブランドスローガンを掲げています。「知」はwisdomです。多元的な価値観が混成する現代世界において、「知」の重要性とそのあり方が深く問われ続けています。本書が果断に挑んだように、経営学やビジネスの理論の背後にある「哲学」という名の「知」を多面的に析出しながら、「人生の地図」をつくる楽しさを学ぶことができれば、人生の無知に億劫にならず、未来の人生のクオリティを自分なりに高めていけるはずです。本書はあらゆる世代の必読の書です。

21世紀の利子率革命が近代資本主義に突き付けるもの —— 人類は〈歴史の危機〉からどこに向かうのか

水野和夫『資本主義の終焉と歴史の危機』（集英社新書、２０１４年）

資本主義の危機が叫ばれ続けて久しいが、ここ数年はさらにそれを超えて、資本主義の〈終焉・限界〉論を説く論者が増してきている。デヴィッド・ハーヴェイ『資本主義の終焉』やヴォルフガング・シュトレーク『資本主義はどう終わるのか』、そして伊藤誠『資本主義の限界とオルタナティブ』（いずれも２０１７年の刊行）などは、その一例である。水野氏の当該新書はその先駆をなす作品といえるだろう。多くの読者を獲得したベストセラー作品であり、氏の主張はきわめて明快である。

近代資本主義のシステムは、「中心／周辺」から成り立っている。そして「周辺」からの資本の「蒐集（コレクション）」をつうじて、「中心」の利潤率を高めながら資本の自己増殖を推進していく。１９７０年代以降、利潤率とほぼ一致する長期利子率の低水準に直面することになった、とりわけ先進資本主義国アメリカは、これまでの「地理的・物的空間（実物投資空間）」から「電子・金融空間」——これは新自由主義（市場原理主義）の経済思想にもとづき、「IT（情報技術）と金融自由化が結合してつくられる空間」——を構築し、これによって、1970年代に「終わりの始まり」を迎えたはずの資本主義システムを30年以上におよんで「延命」させることとなった。だが、新たな「電子・金融空間」での利潤創出は、ITバブルと住宅バブル、2008年のリーマン・ショックを引き起こしたのだ。「バブルの生成過程で富が上位1％の人に集中し、バブル崩壊過程で国家が公的資金を注入し、巨大金融機関が救済される一方で、負担はバブル崩壊でリストラにあうなどのかたちで中間層に向けられ、彼らが貧困層に転落すること」〔水野和夫『資本主義の終焉と歴史の危機』集英社新書、2014年、37頁〕になったわけである。もはや新自由主義的グローバル資本主義において、「地理的・物的空間（実物投資空間）」から「電子・金融空間」へと空間上のフロンティアを拡張させることをつうじて、利潤獲得それ自体をおこなうことができなくなってきているとみなければならない。

さらにいえば、日本経済もまた、異次元の金融緩和と積極的な財政出動、構造改革・規制緩和によって「成長」を追求し続けるアベノミクスによって、「危機」の濃度を高めてきている（米中貿易戦争など世界経済の不透明感は本書刊行以降、一段と顕著になってきている）。「成長資本主義」から脱却することが重要であり、われわれは「脱成長という成長」を本気で考えるべき時機に突入したのだと著者は結論づけている。

ゼロ成長やゼロ金利が長引く日本経済（氏のいう「二十一世紀の利子率革命」）は、近代資本主義からの「卒業の証」を明示しているのであり、著者は「資本主義の終焉」という「歴史の危機」をめぐって、経済学以外の社会科学や人文諸科学の成果を積極的に活用し、雄大な歴史的視野にもとづく射程と含意の広い持論を展開している。著者に独自のポスト資本主義論の概観は、続編をなす『閉じてゆく帝国と逆説の二一世紀経済』（集英社新書、2017年）、集大成ともいうべき大著『次なる100年――歴史の危機から学ぶこと』（東洋経済新報社、2022年）に詳しい。

水野氏は本書の末尾で次のように主張している。「誕生時から過剰利潤を求めた資本主義は、欠陥のある仕組みだったとそろそろ認めるほうがいいのではないでしょうか。これまで、ダンテやシェイクスピア、あるいはアダム・スミス、マルクス、ケインズといった偉大な思想家たちがその欠陥を是正しようと命がけでたたかってきたから、資本主義は八世紀にわたって支持され、先進国に限れば豊かな社会を築いてきたのです」（同書、207頁）。近代資本主義「理念」の転換がまさに要請されているのであり、その先に新たな世界史的構造が待ち構えている。

タイトルの重々しさと違い、本書には前向きで新鮮な息吹が感じられ、不思議な心地よさを読者に与えてくれている。

貨幣と市場をめぐる省察、広く深く――人類の総体的危機としてのグローバリゼーション

西部忠『資本主義はどこへ向かうのか――内部化する市場と自由投資主義』（ＮＨＫブックス、２０１１年）

人類の危機がグローバル化した資本主義市場（貨幣）経済そのものに根ざすなら、いわば資本主義の解剖学として貨幣と市場のあり方をトータルに省察することが喫緊の主題となろう。本書はこうした実直な問題意識を貫き、歴史としての現代から未来を主体的に切り拓く意欲作だ。

著者の『市場像の系譜学』（東洋経済新報社、１９９６年）刊行後、15年に及ぶ研究の到達点を幅広い人々に届くよう平明に論じ直した書だが、水準は高く精彩に富む。特に次の洞察が注目に値する。

一つは再構築された市場・貨幣像。貨幣なき物々交換のモデルを理念型とみなす主流派経済学の「集中型」市場と異なり、市場は創発的だが不安定さを常に含む「分散型」ネットワークである。貨幣は、認知・計算・実行の三面で合理性に限界を持つ人間の自律性を確保し、経済環境の複雑さを縮減させる社会的制度であり、それが市場を形成する。著者の市場像では、社会主義の脆弱さを指摘し、財や知識の多様化を促す競争こそ資本主義の強さの動因であると見なすハイエ

クの見識が尊重される。

新たに再設計される「コミュニティ通貨」は、信頼や互酬、協同などの価値を復権する社会・文化メディアの機能をも統合して発揮する。それは、商品化と貨幣換算の考えがより身近な生活領域の「内部」にも浸透し、著者のいう自由投資主義へと深化するグローバリズムの危機からの突破口をなす。貨幣の意味と性質を「変えうる」なら、市場と資本主義の仕組みを「変えうる」という本書の表題の真意にたどり着けよう。

もう一つは、グローバリゼーションの内容とその歴史的位相を正確に把握するための「市場の内部化」をめぐる概説だ。市場の発生から資本主義の生成・進化についてのマルクスの認識をくむそれは、資本主義がルールの束としての制度であり、唯一普遍の完成したシステムではないというビジョンを鮮明にする。こうして二つの洞察は重なり合う。

多様な理論の「共創」化を推進する著者の精神は、「経済学はどこへ向かうのか」という新たな目で挑むべき問題にも大いに生かされよう。

伊藤誠『『資本論』と現代世界』を読む
――マルクス理論家の〈追憶〉に思いを馳せて――

本書『『資本論』と現代世界』（青土社、２０２３年９月５日）はその副題に「マルクス理論家の追憶から」という文言を付し、伊藤誠先生（東京大学名誉教授、日本学士院会員：１９３６〜２０２３）の死後に刊行されました。伊藤先生は一昨年２０２３年２月７日に86歳で急逝*1されましたので、いうまでもなく本書は、伊藤先生の遺著となります。当然のことながら、伊藤先生の突然の訃報にわれわれは大きな衝撃をうけましたが、時間の経過とともに、評者である私自身も、あらためて本書といくらか落ち着いた心持ちで接することができるようになったと思います。

1　２０２３年９月２日、東京大学伊藤謝恩ホールにて「伊藤誠先生を偲ぶ会」が開催されました。伊藤誠先生の本書『『資本論』と現代世界――マルクス理論家の追憶から』は、「偲ぶ会」の参加者全員に配布されました。東京大学『経友』（東京大学経友会）、２１７号、２０２３年10月刊行には、「伊藤誠先生追悼」として、小幡道昭先生はじめ５名の研究者が各々の想いから印象深い追悼文を寄稿されています。

都留重人、小宮隆太郎、森嶋通夫、宇沢弘文、青木昌彦、根岸隆、岩井克人など世界的に著名な経済学者は、なんらかの「学問的自伝」を執筆されています。いうまでもなく伊藤誠先生は、世界的に知られるマルクス経済学の理論家です。本書の冒頭で、まもなく85歳になろうとする伊藤先生は、「回想録は好みでないし、まだその歳でもないと辞退したい気もした」*2と連載前の率直な感慨を述べておられましたが、社会主義協会刊『科学的社会主義』での連載は無事にスタートし、伊藤先生の死後、計10本の連載原稿が単著として一書に集結されることになりました。

国内のみならず、欧米マルクス派を代表する数多くの理論家たちとの多面的交流をも交えての雄大な〈追憶〉そのものが、伊藤誠先生が生涯をつうじて真摯に探究され続けてきた学問の世界へとわれわれを誘ってくれます。学問的な問題関心をともに共有し続けるなかで構築され、長らく維持されていった伊藤先生の友好的な人間同士の信頼関係のあり方は、経済学という学問に従事している人々を超えた普遍的な意味合いをもっていると考えられます。本書は、伊藤先生の〈思索〉の軌跡がぎっしり詰まった作品であり、伊藤先生の〈肉声〉が優雅に語りかけてくるようです。

本書の「目次（主題）」は、次のような構成になっています。

第1章　社会科学としての経済学を求めて
第2章　『資本論』に学ぶ

第3章　農業問題と地代論の意義
第4章　宇野理論の方法と現代世界の多重危機
第5章　マルクス・ルネッサンスへ
第6章　恐慌論と現代資本主義の危機
第7章　ソ連型社会主義の危機と崩壊
第8章　金融化資本主義とサブプライム恐慌
第9章　新古典派経済学との対峙関係のなかで
第10章　エコロジカル社会主義の意義

本稿の限られた紙幅のなかで上記のすべてを詳細には扱えないため、以下では、本書の内容とその特徴などについて、評者の観点で四つに絞って論じてみたいと思います。とくに若い世代の皆さんにはぜひ実際に伊藤先生の本書を手にとって、ともに思索してほしいと心から願っています。

2　伊藤誠『『資本論』と現代世界』青土社、2023年、9頁。

⑴マルクス『資本論』体系に惹かれ学ぶ

本書は、伊藤誠先生のおそらくは初の「学問的自伝」とみなしてよい作品だと思います。伊藤先生の国内外の豊かな交友関係についても随所に触れられており、すでに故人になられた方々も多いですが、そういったことが、むしろ本書全体が奏でるいわば人間味をもった〈懐かしさ〉を高めてくれているのではないでしょうか。その意味でも本当に貴重です。

本書に所収されている前半4本のエッセイをつうじて、伊藤先生がとりわけその研究当初において、どのようにマルクス『資本論』体系の世界に惹かれながら、その学びを丹念かつじっくりと深めていかれたのかが語り直されています。玉野井芳郎、鈴木鴻一郎、大内力、宇野学派の創始者である宇野弘蔵といった、日本のマルクス経済学の発展に多大な影響を与え、そして牽引し続けていた諸先生たちからの新鮮な学問的刺激（マルクス経済学形成史、マルクス経済学と新古典派経済学の理論的関係、労働価値説の成否を問う転形問題論争のあり方、K・ポランニー『大転換』の意義と射程、鈴木＝岩田・世界資本主義論の方法、日本資本主義論争と労農派の農業経済学・地代論研究、原理論・段階論・現状分析からなる宇野弘蔵による宇野三段階論の独創的方法論など）をたえず受けながら、さらには所属ゼミの岩田弘ら諸先輩たちとの毎週のように熱気を帯びた論戦・議論の所在などともあわせて、まさに当時のありのままの生き生きとした学問的状況の〈追憶〉が躍動的に活写されています。ここでの論述内容は、時間的経過の長さからみてもきわめて詳細かつ細部に及んでおり、伊藤先生の〈追憶〉ならぬ〈記憶〉の確かさにも感銘を受けるでしょう。

したがってこうした各エッセイを読みながら、そもそも「学問する」とはどんな営みなのか、学者や研究者はいかなる「職業」なのか、それはたしかに専門的職業だが、それと同時に喜び・楽しみや知的好奇心をうながす「趣味」の一環をもなしてはいないだろうか、そして「研究する」と決意したテーマをたえず「究め続けよう」とする気概なるものはいったいどこから生じうるかなど、かなり本質的で得難い内容についてもあらためてのびやかに学び取ることができたと私自身は感じています。

学部3年次に参加された『資本論』読書会についての回顧で、伊藤先生は次のように述べられています。「むしろ生意気な若者として、大きな書物でも二年もかければ飽きるのではないか。一生『資本論』研究にかける学者がいるというのは信じられないとも思っていた」が、「いまになってみると一生かけても興味が尽きないし、追いつけない気もしてくる巨大な宝庫のような名著に思える」[*3]。伊藤先生は、マルクスが生涯をかけて完成させようとした『資本論』体系の雄大な世界に惹かれ続けたのであり、その体系的研究をこそ、ご自身のライフワークとされたのです。

3 同書、14頁。

第1章の最後で伊藤先生は、マルクス『資本論』や宇野理論にもとづく社会科学としての経済学の研究を深めていくなかで、年齢を重ねても、いや、年齢を重ねるからこその新たな学問的発見や気づきがあることをよろこび味わい、「学問としての経済学には、たのしからずや、とこの歳になっても思わせる奥行きがたしかに感じられる」[*4]と追憶されています。心のどこかにぜひとも留めておきたい至言であると私には思われます。

(2)現代「資本主義世界」をめぐる多重危機

伊藤先生は、マルクス『資本論』体系がもつ雄大な「理論世界」の「その重くて奥深い理論的思索の展開に衝撃をうけた」[*5]といわれます。

資本主義市場経済を予定調和的に自然視するスミスとリカードの古典派経済学や限界革命以降の新古典派経済学が把握しうる、マルクスのそれとは異なる「理論世界」と対峙しながら、伊藤先生はまさに資本主義市場経済の運動法則をその特殊な歴史性とあわせて理論的に解明するマルクス経済学の思想と理論にもとづいて、「現代世界」としての「資本主義世界」をめぐる総合的で多面的な考察を及ぼし続けられました。伊藤先生によるそうした一連の学問的作業は、本書におけるきわめて重要なテーマをなし、それはまた大きな人類史的な意義をも有していると思われます。なぜならば、伊藤先生がとくに大きな敬意を払われている欧米マルクス理論家の一人である

D・ハーヴェイの『資本の〈謎〉』（作品社、2012年）での洞察にも明示されているように、「現代世界の状況は『かつてないほどにマルクスが描写した様相に近いものとなっている』」からです。[*6]

とりわけ晩年の伊藤先生がよく用いられていたワードは、現代世界をめぐる複合的な〈多重危機〉であり、資本主義と社会主義とに及びうる〈双対的危機〉でした。[*7] 1970年代初頭のインフレ恐慌を介して高度成長の終焉をなした現代の先進資本主義諸国において、小さな政府による緊縮財政と規制緩和、競争的市場原理の再活性化などを基調とする新自由主義路線とそれにもとづく新自由主義的グローバル資本主義が支配的な政策教義となりました。伊藤先生によれば、そのことは「国家の雇用・福祉政策を拡充し、労使協調体制を尊重してきた歴史の歩みを大きく反転、逆転させた」のです（伊藤誠『入門 資本主義経済』平凡社新書、2018年）。本書の第4章の最後でも簡潔な考察があるように、そのなかで伊藤先生は、はたして「その政策は成功したであろうか」と問われていますが、[*8] まさにこの端的で実直な問いかけの〈政治経済的含意〉こそが、新

4　同書、25頁。
5　同書、14頁。
6　同書、121頁。
7　このワードを表題に掲げた、伊藤誠先生の遺著『資本主義の多重危機』が2024年7月末に岩波書店から刊行されました。

自由主義的グローバル資本主義の矛盾と限界を指し示しているのです。いうまでもなく資本主義世界における大多数の働く人々のくらしは毀損、疲弊し、人口減少と将来不安は顕著に助長され、トマ・ピケティ『21世紀の資本』（みすず書房、2014年）が論証した格差再拡大や貧困問題は中長期的に持続・固定化し、さらには、人間と人間の社会そのものを基底で支えている自然環境は、グローバルな地球環境問題の深刻さと重なり合いながらその荒廃化が加速しているからです。2020年以降の新型コロナウィルスのパンデミックによる人類史的危機も記憶に新しいところであり、総じて歴史としての未来に希望をもちにくい閉塞感を生んでいるといえるでしょう。

さらにいえば、「現代世界」としての「資本主義世界」をめぐる〈多重危機〉を深化させてきた重要な特徴的様相は、グローバリゼーションにもとづく現代の新自由主義的資本主義がいわゆる〈金融化資本主義〉へと大きく変貌を遂げてきていることであり、2008年9月のリーマン・ブラザーズの経営破綻からサブプライム世界恐慌への転化は、「アメリカを中心とする新自由主義的な金融化資本主義の内的矛盾に起因する自己崩壊にほかならない」[*9]と、伊藤先生は主張されています（第8章）。

こうした現代の新自由主義路線の金融化資本主義のなかでのサブプライム世界恐慌は、これまでの「労働力の商品化」にくわえて、いわゆる多重証券化を大規模に促進して、低所得労働者層に住宅ローンを貸し付ける行為を弾力的に拡張しながら、債務不履行に陥った際には住宅を差し押さえ巨額のローン返済を強制的に負わせる略奪的金融業務をともなう「労働力の金融化」ともいうべき新たな重層的搾取・収奪構造をも生み出すことになったと、伊藤先生はよりいっそう分析的水準を深められてもいるのです。このような新たな論点提起をふくむ周到な一連の考察は、『サブプライムから世界恐慌へ』（青土社、２００９年）に結実しています。本書は、半年という異例の速さでとりまとめられたコンパクトな単著ですが、本書の第４章「金融恐慌の政治経済学」に明快な概説があるように、主流派としての「新古典派経済学の限界」とあわせ、「新自由主義の負うべき責任は重い」ことを力強く主張した作品として、今なお新鮮です。

したがって伊藤先生の念頭には、マルクス『資本論』体系は、労働価値説とそれにもとづく剰余価値論を支柱とする経済学の基礎理論であると同時に、貨幣と金融の多様な機能的役割とそれを背後で支える資本蓄積の動態の客観的構造の分析をも体系的に解明しうる、きわめてマネタリーな経済理論でもあるという認識が明確にあるわけです。ギリシャのコスタス・ラパヴィツァスと伊藤先生との共著『貨幣と金融の政治経済学』（岩波書店、２００２年）もまた、今なお重要な作品です。余談ではありますが、刊行後すぐに伊藤先生は、本書を國學院大學の学部3年次の演習系ゼミで活用されました。その当時、日本学術振興会の特別研究員ＰＤとして当該大学で研究に

8　同書、85頁。
9　同書、１５４頁。

従事し、学部の伊藤ゼミにも参加していた私からみれば、「本書は学部学生にはかなり難しいのではないか」と思ったものです。だが、初回の授業で伊藤先生は颯爽と「貨幣・金融」をめぐる経済理論の学説史的系譜を、重商主義から古典派、マルクス、新古典派とケインズ派までの理論的共通点・相違点について留意しながら、板書して語り始めました。その説明は驚くほど明快で、初回の授業だけで本書全体の骨子が眼前の黒板に構造的に描き出されており、そのこともいまだに思い起こされます。伊藤先生の教育的能力の高さを強く実感しました。

⑶二十一世紀型社会主義の新たな可能性

伊藤誠先生は『信用と恐慌』(東京大学出版会、1973年)、『価値と資本の理論』(岩波書店、1981年)など、マルクス経済学の原理論研究の体系的成果を世に問うたのち、「これから何を研究するか迷っている」とオックスフォードのアンドリュー・グリンに相談したところ、「即座に社会主義をテーマにするよう強くすすめられた」[*10]そうです。グリンの助言に伊藤先生は一時的に抵抗されたものの、「なぜかお前ならできると、挑発された」[*11]とのことで、こうして1980年代以降、伊藤先生は社会主義の思想と理論、現実についての本格的な準備・研究を開始されることになったのです(第7章)。アンドリュー・グリンと伊藤先生との上記のやりとりとエピソードは、当該テーマに関心のある私にはとても興味深いものです。伊藤先生の「社会主義論」研究の諸成果は、

1990年代以降、『現代の社会主義』（講談社学術文庫、1992年）、『市場経済と社会主義』（平凡社、1995年）、*Political Economy for Socialism* (Macmillan, 1995) などの著書として結実しました。そのすぐ後、伊藤先生はアナリティカル・マルクス学派の代表的論者のジョン・ローマーによる1994年の英語著書を、『これからの社会主義』（青木書店、1997年）として邦訳もされました。

マルクス『資本論』体系や宇野理論の方法論を、資本主義に代替しうる社会主義の可能性を探究する際の理論的参照基準としてどう活かすことができるのか、こうしたきわめて重要かつ難解な原理的・現状分析的な課題にも、伊藤誠先生は積極的な考察と検討を重ね続けられたわけです。いうまでもなく、「二十一世紀型」の新たな社会主義のあり方を展望するという未来志向の研究テーマは、「二十世紀型」のソ連型社会主義の危機と崩壊をその歴史的意義をふくめて総括する作業と表裏一体です。

伊藤誠先生自身は、二十世紀型のソ連型社会主義を称して、「雇用の保障、女性の職場拡大、育児、教育などの公的サービスの普及などでの社会主義的成果をあげソ連を世界第二位の経済強国にした成果もみとめられてよいのではないか」[*12]と述べられ、ソ連型社会主義の負の遺産のみを強調し、糾弾する過度に一面的な評価を冷静に回避されています。しかしながらそれと同時に、1970

10　同書、137頁。
11　同書、137頁。

代以降のソ連型集権的計画経済としての社会主義は、重厚長大型産業から高度情報通信技術（ICT）などに代表される軽薄短小型産業へのモデルチェンジや民衆の生活基盤をなす民生機器の革新＝イノベーションに深刻な遅れを生じさせ、経済的成長の著しい「摩滅」やハンガリーのヤーノシュ・コルナイのいう「不足」の経済も常態化していました。さらには、アメリカのマルクス理論家のポール・スウィージーが『革命後の社会』（TBSブリタニカ、1980年）で新たに表明していたように、ソ連型社会は、そこにおける党・国家の特権的官僚層が世襲的にたえず再生産されていくところの新たな支配的な階級国家に転じ、労働者をこそ社会の主人公とする社会主義本来の理念から大きく乖離していたのです。民衆の経済的・政治的自由を抑圧し毀損させる災厄をも生み出しながら、最終的に、1989年の東欧革命と1991年のソ連崩壊という人類史的にみて巨大な世界史的事件に帰結することになったのです。

ソ連崩壊からすでに30年以上が経過した今日、二十世紀型のソ連型社会主義の危機と崩壊をあらためて体系的に総括し直すことは、新自由主義的グローバル資本主義の矛盾と限界がいっそう露呈し、地球環境問題やグローバルな気候変動問題に象徴される人間とエコロジカルな自然環境の荒廃化が加速している現代世界において、エコロジカル社会主義の潜勢力をふくむ二十一世紀型の新たな社会民主主義と社会主義の多様な理論的可能性を探究する機運を高めているのではないでしょうか。集権主義、国家主義、官僚主義的な諸特徴をもった「二十世紀型」のソ連型社会主義をのりこえうる、「より自発的で自立的労働者組合運動の再生をめざす」[*13]グラス・ルーツからの多元的な戦略課題とそれにともなう経済民主主義の充足の実現可能性こそが、「二十一世紀型」の新たな社会主義の基本的内実として尊重されなければなりません（第6章の最後や第10章）。

伊藤先生は、山川均や宇野弘蔵がかつて示唆していた「社会主義への道はひとつではない」という見解を拡充的に解釈しながら、社会主義にはいまや多様な選択肢の可能性が切り拓かれつつあるとの立場を支持されています。マルクス学派からは、すでにD・ハーヴェイ、日本ではいいだももを先駆として、近年では若手の斎藤幸平らによってそうした試みが推進されてきています。伊藤先生が注視されているように、アメリカのとりわけ若い世代のすでに半数近くが〈社会主義〉に親近感をもち、それに肯定的な評価を与えているという近年の動向も、二十一世紀型の新たな社会主義の実現にむけての無視しえない現実的な知的基盤をなすでしょう。

それでは、二十一世紀型の社会主義には多様な政治経済モデルの選択肢の可能性がありうることを認める際、本節ですでに言及しておいた論述内容に即していえば、その〈理論的参照基準〉をどう考えればよいのでしょうか。伊藤先生によれば、実際のところ、こうした重要論点は、依然として十分に明確な理論的解答がなされていないのです（第7章）。

12　同書、134頁。
13　同書、124頁。

新古典派一般均衡理論（価格理論）を援用しながら、ミーゼスやハイエクのオーストリア学派による社会主義存立不可論に応戦したオスカー・ランゲらとのいわゆる社会主義経済計算論争は、1980年代以降の当該論争の世界における現代的再燃とあわせて、伊藤先生が大きな知的関心をもって取り組まれてきたテーマのひとつです。ランゲとともに東欧改革派の理論的支柱となったW・ブルスの「機能的社会主義モデル」にせよ、社会主義社会での市場経済の機能を理論的に大きく導入しうるジョン・ローマーらの「クーポン株式市場型社会主義モデル」にせよ、そこでは、新古典派の一般均衡理論を唯一の理論的参照基準とみなす狭い見地に陥っているのではないだろうか。こうした問題背景を念頭に伊藤先生は、次のように述べておられるのです。「マルクス価値論の成否をめぐる価値論論争ないし転形問題論争と、この社会主義経済計算論争との関係には、まだ理論的に立ち入って考えるべき諸論点が残されていたのではないか」[*14]。社会主義経済計算論争と価値論論争という経済理論（史）をめぐるふたつの雄大な山脈を有機的に接合させる試みが、欠落したままであるという鋭い問題提起です。

伊藤先生によるこうした主張の真意には、マルクス『資本論』体系や宇野理論の方法を、社会主義の新たな可能性のための〈理論的参照基準〉としてどう弾力的に適用できうるのかという「未解決の問題」の存在が示唆されています。伊藤先生が國學院大學での演習系ゼミやアソシア読書会などで、『資本論』を輪読しながらよくいわれていたのは、「社会主義のあり方を考えるときには、資本主義のしくみをパーフェクトに理解しておかなければいけない」し、それと同時に、「マルクスによる『資本論』体系の原理をどう社会主義的に組み替えうるのかという未知の理論問題をも考えなければならない」という見識でした。そのことはまさに、本書『『資本論』と現代世界』の全体において通底しているのです。

⑷経済学史の総括から経済学の未来へ

新自由主義的グローバル資本主義の矛盾と限界、そして二十世紀のソ連型社会主義の崩壊という伊藤先生のいわれる〈双対的危機〉は、いうまでもなく学問としての経済学の危機にも多面的に及んでいると考えられます。とりわけ1970年代以降、ケインズ経済学の威信の低下とミルトン・フリードマンらの新自由主義に理論的基礎を与えうる新古典派ミクロ経済学がゲーム理論などの発展をともない支配的教義となるなか、ジョーン・ロビンソンが世界にむけて宣言した有名な「経済学の第二の危機」はその意義が必ずしも十分に理解されず、実際のところ、社会科学としての経済学そのものによって解決されることもなかったといえるでしょう。そうした危機の残滓こそが、新たな危機として、現代の新自由主義的資本主義をめぐる〈多重危機〉として深化

14 同書、140頁。

しながら継続しているのです。

いうまでもなくそのような上記の論述内容は、本書に限らず、伊藤誠先生の既刊書のまさにすべてにおいて地下水脈のごとく貫き流れている端的かつ実直で誠実な問題意識にほかなりません。『幻滅の資本主義』（大月書店、2006年）や『資本主義の限界とオルタナティブ』（岩波書店、2017年）などの書名がすぐに思い起こされることでしょう。

主流派である新古典派経済学の危機と限界とともに、いまや学界や日本の大学のポスト配分において、マルクス派経済学に対する排他的な打撃傾向がいっそう顕著に増している状況をうけて伊藤先生は、「日本のマルクス学派が概してこれまで宇野学派もふくめ……、新古典派経済学の手法や問題関心にあまり注意を向けず、いわば冷戦的対峙構造を生じていたことが、ある種の脆弱性をもたらしてはいなかったか」[*15]という反省的な回顧をなされているのです。こうした文脈においてさらに伊藤先生が、D・ハーヴェイやボブ・ローソン、M・デサイ、アンドリュー・グリン、そしてコスタス・ラパヴィツァスらといった欧米マルクス派の理論家の多くに共通する特徴のひとつとして、経済学の基礎理論としての〈論理〉と政治経済をめぐる実際的動向としての〈史実〉を有機的かつ整合的に結び付けて把握し、その〈政治経済的含意〉をつねに尊重するところの「身についた実践性」を指摘されている点も見逃してはなりません（第6章）。このような伊藤先生の一連の指摘は、ひときわ傾聴に値すると思います。

新古典派経済学とマルクス派経済学の新たな対峙関係、マルクス学派と親近性をもつところのケインズの貨幣的マクロ経済理論、ポスト・ケインズ派の金融不安定性理論、新リカード派のスラッファ理論、フランスのレギュラシオン理論、アメリカ・ラディカル派のSSA理論（蓄積の社会的構造論）、アナリティカル・マルクス派の搾取・階級理論と市場社会主義論、そして置塩信雄による置塩理論などとのこれからの競合的・協力関係をあらためてどう問うべきかが、マルクス派経済学のあり方において重要なテーマをなしているのです（第5章、9章など）。そこでは、貨幣・金融的機能の多様な役割、労働価値説の是非、労使・雇用関係のあり方、制度・社会的諸形態の多元性、資本主義市場経済の特殊歴史性と動態的不安定性、社会主義の可能性といった学問的論点が中心となるでしょう。もしかしたら、そうした理論的探究の帰結は伊藤先生の意図をこえて、マルクス経済学そのものをも相対化することになるかもしれません。

当該問題はきわめて「理論的」な問題にほかなりませんが、経済学の歴史を扱う経済学説・経済思想史の研究者も知的関心を寄せ、経済理論家とともに集合的努力を重ねるべきではないでしょうか。一言でいえば、何のために経済学史を研究するのか、しているのかを明確に内省することです。こうした文脈で想起されるのは、伊藤先生が1974年に初めての在外研究の機会を得

15　同書、164頁。

て、ケンブリッジのマルクス理論家であるモーリス・ドッブに3度お会いになっていることです（第5章）。若い世代による欧米でのマルクス・ルネッサンスを支えていたドッブが、盟友であるピエロ・スラッファによる『商品による商品の生産』（1960年）をつうじた客観価値説の再燃を高く評価し、経済学説におけるその意義を体系的に説き直した最後の著書『価値と分配の理論』（1973年）をめぐって伊藤先生はドッブと議論されたわけですが、経済学史の体系的総括とそれにもとづく展望を論じたドッブのような作品は近年めっきり減っている印象です。またそれと当時に、経済学史の研究ではありませんが、1980年代以降の新自由主義的グローバル資本主義の時代における、富と所得の経済格差再拡大を長期的統計によって見事に検証してみせたトマ・ピケティによる『21世紀の資本』（2014年）のような試みも、マルクス学派の理論家の立場からは総じて高く評価され、歓迎される傾向にあることにも留意しておきたいところです（なおピケティはその続編であるよりいっそうの大著『資本とイデオロギー』を上梓し、その邦訳が2023年に刊行されました）。

経済学史の研究そのものが細分化・分断化していくと、経済学という学問の〈全体像〉を俯瞰し把握することが困難となり、むしろそのような事態は、個別テーマを分析することに理論的優位性をもつ主流派経済学の地位を意図せずして高めうる帰結を生み出すことでしょう。伊藤誠先生がかつての編著『経済学史』（有斐閣、1996年）をあらためて新書として単著化した『経済学からなにを学ぶか』（平凡社新書、2015年）を読み直してみても、いまや経済学史の拡がりある体系的総括こそが強く求められており、それによってこそ、経済学の未来を新たに切り拓いていく原動力を得られることでしょう。伊藤誠先生というマルクス理論家の〈追憶〉は、上記の新書の副題である〈その500年の歩み〉に明確に通じているのです。

最後にあえて少しだけ言及させてください。評者の私は、『経済学の冒険──ブックレビュー&ガイド100』(読書人)という書評集を一昨年に刊行しました。伊藤誠先生の本への書評や「追悼」文なども所収されています。私の「最初の単著」になりますが、拙著は、伊藤先生の「遺著」である本書『『資本論』と現代世界』とまったく同じ「2023年9月5日」に刊行されました。驚きました。当初はもっと早く刊行する予定だったため、このことはまったくの偶然です。のちに気付いてさらに驚いたのは、装幀を担当されたのも同じ方(水戸部功さん)だったことです。伊藤先生には拙著の帯推薦文の執筆を快諾していただいており、刊行後には拙著を持参して伊藤先生の晩年の住処となった長野県を訪問する予定でもおりましたが、それらは叶いませんでした。伊藤誠先生こそが拙著への本当の意味での率直な評価をしてくださったかと思うと、伊藤先生が亡くなられて2年以上が経過する今でも、とても寂しく残念な思いでいっぱいです。しかしながら、同じ年の同じ日に刊行されたことを生涯けっして忘れず、伊藤誠先生が遺してくれた私へのメッセージとして心に刻み、これからも私自身の「経済学の冒険」を続けていきたいと思います。

第四章　書評とリプライ——『経済学の冒険』をめぐる往復書簡

◉本章「書評とリプライ」は、栗田健一氏（東京経済大学准教授）の『経済学の冒険』の「書評」と、それに対する著者の「リプライ」から主に構成されています。いわゆる「往復書簡」です。経済理論学会の学術誌『季刊経済理論』は、このような形式を採用し、書物（書評）をつうじた学問的交流を促しています。いうまでもなく他者による書評は、著者の「自著紹介」や「対談」とは違った意味合いをもっています。われわれの共通の師である西部忠先生（専修大学経済学部教授）の書評は、「往復書簡」という試みに見事にマッチしている内容のため、本章の最後に再掲します。

経済学の世界の〈多様性〉を眺望する（栗田健一）

書評は本への愛情から

本書『経済学の冒険』は、経済学史という切り口から現代の経済学者の様々な視点・論点を丁寧に紹介し、多様な経済学の世界を読者に知ってもらおうとする本である。書評という方法を使って経済学の多様性を論じるという本は非常に珍しく、とても斬新な試みである。書評集は雑多でまとまりのないものになりそうだが、本書はそうなっていない。著者の経済学の学び方に対する一貫とした姿勢があることを感じるからだろう。本書を通読すると、経済学の多様なアプローチの必要性に気づき、もっと古典を読んでみようという気持ちになる。経済学をめぐる冒険に一緒に参加してみたい、という思いを強く持つようになるのだ。

標準的な経済学は、冒険は不要と言うかもしれない。ミクロ経済学、マクロ経済学そして計量経済学を学ぶことで経済現象を正確に理解できる、寄り道をする必要は全くない、と主張するだろう。学部生の頃、評者はこの考え方を信じて、盲目的に経済学の訓練を続けてきた。計算を繰り返し、正解を得るという行為を継続するのである。標準的な経済学では、問題と解答が十分に用意されているため、それに取り組み解法を理解することが経済学の学びとなる。ところが、そうした学び方を試して継続してみても、経済の仕組みや変動の原理について理解できた、という実感をちっとも持つことはできなかった。大学院で出会った、ポランニー『大転換』やマルクス『資本論』をじっくりと読むことによって、初めて経済現象の本質と意味について考えることができたのである。経済現象を理解するためには、古典に出会い、長い時間をかけてゆっくりと読んでいくという作業が欠かせない。古典をじっくり読むということに時間を費やすというのは、大きな冒険かもしれない。だが、そうした冒険を重ねていくことによって、真の経済問題をつかみ取ることができるようになる。本書を読んでいて、あらためてそう感じた。

本書の最大の特徴は、書評という方法を使って、幅広く経済学を学ぶ必要性について論じている点にある。書評は、対象として選んだ本を読み、理解して、まとめるという作業ではない。それだけでは不十分である。本を深く理解するためには、その本が対象として取り上げた本も読んでおく必要がある。経済学で考えてみよう。アダム・スミスについて論じた本を書評しようとすれば、アダム・スミスについても十分に知っておく必要がある。そうでないと、著者の真意や独創的な視点を見抜くことはできないだろう。また、読者に対して、その本の意義を十分に伝えることもできない。だから、良い書評を書くためには、読書によって得られた膨大な学術知識が必要だ。そうした知識の蓄積があってこそ、書評に深みが出てくるのだ。さらに、知識の量だけでなく、本に対する気持ちもとても大切だ。読者が読んでみたい、という気持ちを強く持ってもらえるような書評を書く必要がある。そのためには、本を評する人はその本を好きにならなければならない。本に対する強烈な愛情がなければ、本の魅力を伝えようとする意欲が沸き上がってこないだろう。そうした愛情がみられない書評は、情報のみを伝える薄っぺらなものになってしまうに違いない。著者は、経済学の膨大な知識を有し、本に対する深い愛情を持っているため、書評対象とされた全ての本の魅力を引き出し、そしてその魅力を読者に伝えることに成功している。これは驚くべきことで、称賛に値する。どの本に対しても著者の敬意の念が感じられ、読者はその本を一度読んでみたいと強く思うようになる。

私は、これから『経済学の冒険』を評していくが、経済学に対する思い入れが著者ほど深くはないと反省しているので、少々不安である。だが、『経済学の冒険』が一人でも多くの読者に恵まれて欲しいと思うので、思い切って論じてみようと思う。『経済学の冒険』は大著であるがゆえ、まずは構成や意図などを整理しよう。そして、本書の意義を述べ、議論してみたい点や考えてみたいことなどについて述べる。最後に、もう一度、この本の意義について考えてみたい。

本書の構成と解説

本書は、プロローグ、五つの章と補章、特別編、エピローグ、経済学と世界史との関連性を示した年表、経済学者の人物ガイドから構成されている。章と章の間に挟まれている間奏曲では、読書の意味やアニメーションの魅力などについても論じられており、ここを読むと、経済学の本の書評だけにとどまらない著者の関心の広がりについても知ることができる。12名の経済学者の『経済学の冒険』に対する書評が紹介されている点も特徴的だ。それぞれの経済学者が、独自の視点から『経済学の冒険』の意義について述べている。いろいろな経済学者がそれぞれ独自の経済学を構想し発展させてきた、ということもまた知ることができるのである。本書の内容をしっかりと理解しその意義を考えるためにも、まずは、各章の内容について簡潔に説明をしてみようと思う。次に、本書の理解を促す役割を担う年表及び人物ガイドについても簡単に解説してみたい。本の内容を要約し説明するだけではなく、評者のコメントも適宜加えながら進める。

プロローグでは、この本のねらいと著者の願いが述べられている。この本は、ブックレビューという方法を使って独自の経済学史の学び方や研究の進め方があることを読者に知ってもらい、それによって読者にも自分なりの新しい経済学史を構想してもらうことを目指している。ヒト、クニ、モノ・サービス、カネ、トキという視点から経済学に関係のある本１００冊を選び評することによって、経済学の多様性と奥深さを知ってもらおう、という斬新な試みである。こうした姿勢こそ、本書の最大の特徴である。この点については、後で詳しくしっかりと述べたい。

第1章「市場と貨幣――経済学の大地にふれる」では、市場と貨幣について論じた本が10冊紹介されている。市場と貨幣は、経済学が分析対象とする最も重要な概念であるのは間違いない。

しかし、標準的な経済学は、市場や貨幣の役割と意味について深く考えない。標準的な経済学では、貨幣は財・サービスの交換手段に過ぎない。貨幣は交換手段であるのだから、市場における財・サービスの交換を難なく実現するに違いない。この章では、こうした考え方を徹底的に批判する経済学の本が多数紹介されている。どの本も、経済学の分析の中心に貨幣を置くことによって、経済学の刷新を図ろうとしている。ただし、いずれの本も市場と貨幣に対する独自のビジョンを持っている。そのため、著者同士の間で、見解の相違や強調点の違いがみられる。こうした経済学者の議論の中で、特に重要な論点となりそうなのが、貨幣の逆説性と貨幣の多様性である。貨幣は必要不可欠なものなのに、社会を混乱に陥れる可能性を有する逆説に満ちた存在であるということ、多様な貨幣が共存することで私たちの生き方を多様化できる可能性があるということ、という視点が経済学の再構築にとって重要になる。これまでとは違った視点から市場を理解する本も書評対象となっている。規制や自由（化）という伝統的な見方から市場を理解するのではなく、デザインという視点から市場を考察する方法と意義について論じた本が紹介されている。この章を読むことで、従来の市場像と貨幣像を超えるための理論や思想が経済学の中で展開され始めている、ということを知ることができる。

第2章「資本主義と社会主義――対立する世界のゆくえ」では、資本主義の課題や社会主義の可能性について論じた本が紹介されている。社会主義は確かに崩壊したが、それは資本主義の全面的な勝利を意味するわけでは決してない。なぜなら、資本主義のもとで貧富の格差が広がっているのは間違いないだろうし、地球環境問題も一層深刻化しているからだ。資本主義が実現する豊かさの意味について、我々はもう一度真剣に考えなければならない。では、資本主義をどうするべきか。それを進化させることで、様々な課題を乗り越えていくのか。あるいは、それを乗り越えてしまう新たな経済の仕組みを構想するべきか。著者は、こうした問題こそ、今問われるべきものであると表明している。本章において選ばれた20冊は、資本主義や社会主義について論じたものである。ここでは、資本主義の問題、特に新自由主義思想とその政策の推進によって痛めつけられてきた自然環境や労働環境について丹念に考察している本を中心に紹介しながら、資本主義を改善していくための方法やそれを乗り越える経済システムについて論じた本も取り上げている。私たちの経済を良い方向へと導くためのヒントが詰まった章である。ベーシック・インカム、コミュニティ・マネー、新たな所有形態をもとにした市場経済改革等の資本主義に対抗するためのオルタナティブな経済改革や運動について考えることができる。評者が読んでいて特に感動し刺激を受けた書評は、20冊目に紹介されている「市場経済と社会主義をめぐる知的格闘——オーストリア学派が選抜した〈経済計算論争〉の主要文献」である。ここでは、社会主義経済計算論争をめぐって、市場像や貨幣像が多様化していく様子が描かれている。著者の卓越した筆致により、この論争の展開過程と現代的意義を明確につかみ取ることができる。論争こそが、市場や貨幣の解像度を上げることができるのだ。

第3章「経済思想と経済学説――競合性と多様性のはざまで」では、経済学の学びにおける競合性と多様性の重要性が述べられている。競争と多様な技能に基づく分業が市場にとって必要不可欠であるのと同様、経済学の形成と発展においても、理論の競合性と多様性が求められる。いろいろな経済学の考え方が集合し、互いの意義や正当性を主張し合うことによって、新たな理論が形成されてゆく。そうやって経済学は発展する。それゆえ、一つの正しい経済学を求めることは危険なのである。そうした態度は、いずれ経済学の停滞を引き起こすことになるであろう。本章で紹介される15冊の本は、これまでの標準的な経済学が意図的に排除してきた重要な経済概念にスポットライトを当てて、経済の見方を多様化しようと試みている。読者は、標準的な経済学が前提とする条件や排除してきた要素について知ることができる。スミスの国富論は、抑制された利己心と分業によって貧困の消滅を目指そうとしたものである(221頁)。マルクスは、労働と労働力の明確な違いを分析し労働力商品化による資本主義の機能の在り方を理論化した(228頁)。ケインズは、供給それ自身が需要を創り出す「供給→需要」という考え方を転換し、有効需要が供給を創り出す「需要→供給」というこれまでの因果関係を反転させた革命的な理論を提示した(277頁)。本章で紹介される本は、従来の伝統的な経済学の見方に疑問を投げかけ、新たな理論や思想を構想している。読者は著者の書評を通して、経済学の概念についてもう一度しっかりと考えてみようという気持ちになるに違いない。

第4章「人間社会と自伝・評伝――勉強と読書のきっかけを摑む」には、経済学者の自伝や評伝に関する書評が収められている。本章を読むと、様々な経済学者の人物像が鮮明になると同時に、彼らの経済学に対する熱き想いにもふれることができる。一流の経済学者ほど、素朴だが簡単には答えられない重要な問題に真剣に取り組んできたことを知る。「経済学はどのような意義を有する学問か」や「経済成長をどのようにとらえるべきか」といった素朴な疑問は、経済学者こそ持ちつづけなければならない。本章は、経済学者としての心構えを教えてくれる章である。

第5章「経済学の冒険は延長戦へ――ブックガイド40のタイブレーク」では、60冊のブックレビューには収まり切らなかった良質の本を40冊選んで紹介している。経済学の本だけでなく、生命科学やテニスプレーヤーに関する本が所収されていることが面白い。著者の関心の多様さを知ることができるだろう。

補章「時代を彩る書物たち――年末回顧号「経済学」（2016~2022）」は、その年や時代を象徴する書物を取り上げ論評した章となる。この章を読んでみて気づく点は、資本主義が危機を生み出しているということである。論評された本のキーワードを次々と拾ってつなげてみることによって、危機に陥っている時代の様子が見えてくる。経済格差、不平等問題、貧困問題、気候変動、高齢化社会など、現代社会において解決を迫られている問題を扱った本が数多く出版されてきた。補章の中で傑出しているのは、「〔2022年・拡大版〕資本主義と経済学の未来のために――「経済学的思考」批判の現代的意義」である。ここでは、岩井克人氏による貨幣の逆説性についての詳細な解説を読むことができる。本文と注を合わせて読むことによって、読者は、貨幣から経済学説史を読み解く必要性をはっきりと理解できるようになるだろう。この書評の最後の注においては、西部忠氏による「色貨幣」や「貨幣の制度設計」という斬新な貨幣像についても紹介されている。両氏の貨幣像の紹介を読むことで、経済学の刷新のカギが貨幣にあることが理解できるようになる。資本主義を改良あるいは超越していくために必要なことは、貨幣について十分考えてその本質を理解することである。

特別編「経済学はなにをどのように探究する学問か　著者の〈思考〉を追体験する知的冒険の世界」では、根井雅弘『経済学とは何か』（中央公論新社、2008年）と森岡孝二『雇用身分社会』（岩波新書、2015年）の書評、伊藤誠氏との資本主義をめぐる対談、岩井克人氏の最終講義についての解説が収められている。評者は、伊藤氏の対談から多くのことを学んだ。対談では、社会主義の成果とこれからの社会主義の構想について議論されており、想像力を鍛えることができる。標準的な経済学では、私＝市場と公＝政府によって希少な資源の配分メカニズムが機能するということを学ぶが、共＝コミュニティを支えとするグラスルーツの運動や政策も重要な役割を果たす可能性があるのではないか。コミュニティベースで展開する社会改革運動や政策を組み合わせた新たな社会主義を構想するためのヒントが、この対談から得られるだろう。

エピローグ「経済学の次なる冒険をめざして」では、著者の三冊の本との出会いについて語られている。本との出会いは偶然に生じることが多い。立ち寄った書店でたまたま手に取った本に大きな影響を受けた経験を持つ人は多いだろう。しかし、後から考えてみると、その本との出会いは偶然ではなく必然であった、と思うこともあるかもしれない。西部忠『市場像の系譜学―「経済計算論争」をめぐるビジョン』（東洋経済新報社、1996年）は著者にとって、そうした本の中の一冊のようだ。著者の研究テーマが社会主義経済計算論争であることは以前より知っていたが、卒論執筆後にたまたまこの本に書店で出会ったという事実は少々意外だった。著者がこの本を読んで社会主義経済計算論争に関心を持つようになった、と勝手に思い込んでいたからだ。そこで評者は、あらためて著者に聞いてみたくなった。いつ頃、社会主義経済計算論争の存在について知り、なぜ、関心を持つようになったのか。この点については本の中ではほとんど語られていないが、「経済学の冒険」を読み解くための一つのカギとなりそうだ。このエピローグからは、研究の進め方についても学ぶことができる。著者は読書だけにとどまらず、著者に会いに行くという行動を起こしている。著者の講義や講演会に参加する、共著論文を執筆する、といったアクティブな行動を起こしてきた。そうやって、著者と積極的に関わることによって、お互いの知見を深めてきたのである。そのようなアプローチは、経済学史版アクション・リサーチである。対象に働きかけ、対象とともに成長していく親密な関係性を築いてきた。そうすることによって、経済学の学びが進んでいくのである。こうした姿勢は、全ての研究者が見習うべきものではないだろうか。

世界史と経済学史の関係について示した「年表」は、都市と貨幣の登場によって経済学が始まった、ということを示している。アリストテレスは、貨幣という現象が社会に与える影響について考え抜いた最初の人物である。だから、彼が経済学の創始者であると考えてもよい。都市国家の発展にとって必要な貨幣が商人の貨殖行為を促し、ついには都市国家を崩壊へと導く可能性がある、という貨幣の逆説を見抜いたアリストテレスこそ、経済の本質的な問題を提示した人類史上最初の人物である。こう主張する岩井氏の視点に立てば、アリストテレスこそ経済学の創始者で年表の最初を飾る人物である。シューマッハーの『スモール・イズ・ビューティフル』が年表の中に入っている点も重要だ。この本は、グラスルーツのコミュニティ経済開発の理論形成と実践に大きな影響を与えてきた。こうした本も経済学の一つとして扱っていることに、『経済学の冒険』の関心の広がりを感じた。

「人物ガイド」はとても充実している。第1章から第4章の注に登場した経済学者と著作について、既存文献に依拠しながら詳しい紹介がなされている。この人物ガイドの最大の特徴は、経済学史の教科書ではほとんど紹介されていない現代の経済学者も多数取り上げていることだ。ホジソンやボウルズといった、主流派経済学とは異なったもう一つの経済学の方向性を切り開こうとしてきた人物についても知ることができる。経済学は完成された学問分野ではない。様々な経済学者がこれまでの経済学を批判し、より優れた理論や思想を提示しようと現在も格闘中だ。読者は、このガイドブックのページをめくっていくことによって、経済学は統一された理論を提示するものではなく、多様性を有した学問分野であることを知るようになるだろう。

本書の意義

では、本書の意義について考えてみよう。第一に、本書が経済学史研究の新たな方向を目指そうとしている、という点を高く評価したい。経済学史という研究分野では、有名な経済学者を一人選び、その人物の思想を様々な資料を活用しながら細かく描写する論文や著作が高く評価される。こうした非常に細かく精密な研究を通して、学派の特徴についての正確な描写が可能となり、対象とした経済学者の位置づけを明確にできる。その意味では、特定の経済学者を細かく正確に理解するという方法が欠かせない。だが、そうした研究の方法が高い評価を受けるようになると、その経済学者をこの時代においてなぜ研究するのか、という社会的な疑問が重視されなくなってしまう可能性も生じてくる。経済学史の発展のための経済学史研究という研究の進め方が広まっていくことによって、研究成果の持つ社会的インパクトが見失われてしまうこともあるのではないか。この問題に対処するためには、私たちは現代経済の様々な現象（貧困、格差等）を社会問題として認識し、その社会問題を正確に理解し解決していくために活用できる経済学史研究という見方を大切にする必要があるだろう。この方向性に基づく経済学史研究では、特定の学派あるいはその学派に属する特定の経済学者に研究の焦点を絞るのではなく、社会問題や現代性を有するテーマという視点から、経済学者たちの理論や思想の対立や継承関係を整理し描写していくことになるだろう。例えば、貨幣は現代性を有するテーマとなる。ここ数年で貨幣に代替する、あるいは貨幣と同じような機能を果たす様々な決済・交換手段が登場してきた。そうした現象を理解するためには、特定の学派の特定の学者の研究を超えて、様々な経済学者の論点の対立関係や継承関係を整理する必要がある。いろいろな見方から新しい貨幣の仕組みについてアプローチすることによって、その特徴や意味が見えてくる。そのためには、従来の学派の整理や特定の経済学者の研究という方法を使うよりも、貨幣というテーマについての多様な視点・論点を提示していく方が有効だ。なぜなら、そうすることによって議論をより活発にできるからだ。評者は、『経済学の冒険』はこうした新たな視点から経済学史研究を切り開いて前に進めようとしている、と考えた。『経済学の冒険』では、市場、貨幣、資本主義や社会主義といった様々なテーマのもと、いろいろな経済学者の学説や思想を整理している。よく読んでいくと、理論と思想の継承関係や対立関係が見えてくる。テーマ型の経済学史研究アプローチを使うことによって、本書は経済学の多様性を提示することに成功している。読者は、経済学の主要分析概念（市場、貨幣、資本主義、社会主義）について知り、それを分析するための様々な視点や方法があることを理論・思想の継承・対立関係から学ぶことができるに違いない。読者はこうした経済学史のアプローチから、社会問題や現代性を有するテーマに対する様々な接近法を獲得していくに違いない。そうして、興味のあるテーマに関連した様々な経済学者を取り上げ比較しながら自分でも分析してみよう、という気持ちを持つようになるのではないか。この本の意義は、経済学史研究がまだまだいろいろな方向へと展開できる可能性がある、それは現代社会の問題と関連性を有しながらでも進めていくことができる、ということを証明している点にあると思う。

本書のもう一つの意義は、社会主義について論じた本を複数紹介している点にある。社会主義の崩壊以降、私たちは社会主義について希望をもって語ることが少なくなった。だが、社会主義の理論・思想について考える必要がなくなったというわけではない。著者が述べているように、資本主義の危機が生じれば、社会主義の可能性について考える必要が出てくるだろう。資本主義経済の機能不全が見え始めてきた現代社会において、重要なことは、社会主義のビジョンを多様化することではないか。独裁政治に基づく官僚主導型社会主義経済は社会主義の一つのかたちに過ぎない。社会主義思想や社会運動の歴史を学ぶと、社会主義が多様性を持っていた、ということを知る。著者は『経済学の冒険』において市場や貨幣のビジョンを多様化することを目指しているのと同時に、社会主義像を多様化する『社会主義の冒険』にも挑んでいることがわかる。そのために、社会主義に関わる様々な経済学者の本を評しているのである。読者は、この本を通して社会主義が実に多様な可能性を持っていることを知るだろう。グラスルーツ型の協同組合を中心とする分権型社会主義、市場社会主義、ベーシック・インカムといった、資本主義経済の問題を乗り越えようとする試みが多数紹介されており、社会主義の可能性について多面的にとらえることができる。この本は、市場経済の「市場」をめぐって様々な経済学者のビジョンが存在していることを明らかにするだけでなく、社会主義の「社会」についても様々なビジョンがあり得る、ということについて書評を通じて示している。社会の見方も様々で、それによって実現する社会主義もまたいろいろとあり得るのだ。市場経済を学ぶ学問が経済学である、という狭い見方を超えて、社会主義を考える学問もまた経済学である、という視点があるということを『経済学の冒険』は教えてくれる。

本書を読んで議論してみたいと思ったポイント

本書を読む中で、様々な論点があることを発見した。ここでは、評者が特に関心を持っている論点について提示する。一つ目が、生産のための組織の在り方についてである。具体的には、株式会社と労働者協同組合について考えてみたい。二つ目が、貨幣をめぐる問題である。本書では、岩井氏の「貨幣の逆説性」と西部氏の「貨幣の多様性」という視点が提示されており、両者の視点より学びながら貨幣研究の方向性について考えてみたい。

(1) 生産組織のあり方について

本書では、岩井氏の法人論の意義について詳細な解説を読むことができる。その解説によれば、フリードマンの⑴株主主権論、⑵経営者代理理論、⑶利潤最大化論は全て完全に間違っている。フリードマンが強調するように、会社は確かに利益を最大に追求していくための組織であるが、実は倫理的な義務を果たすべき存在でもある。そうした視点からあらためて会社を見てみると、現代社会の課題に挑む新しい会社のかたちを構想することができるようになる。著者の「とりわけ鋭く着眼すべきは、資本主義社会において中核的存在をなす『会社』のあり方であり、資本主義という経済システムが本来的にもつ多様性の根源でもある『会社』の新しい形を探究することが、人類と文明と地球環境の未来に向けて欠かせない」(542頁)という主張の通り、倫理に着目した会社改革を通して実現される経済革新を構想できるようになるのだ。ここで考察した会社改革による経済の改良は、利潤を際限なく追求することが正しいと評価する資本主義のあり方を軌道修正していく試みとなる。さらに、もう一つの方向を考えてみることもできる。それは、会社とは異なる生産組織を評価し成長させていくという試みである。具体的には、労働者協同組合の可能性を探るということである。労働者協同組合は資本主義を動かす会社組織とは異なった、労働者の自律的な連帯に基づく生産組織である。伊藤氏は著者との対談の中で、労働者協同組合を再評価している。労働者協同組合に基づく新しい社会主義の建設を構想していたようだ。労働者協同組合を中心に考える社会主義は、マルクスも高く評価していたという。

岩井氏の倫理という視点、伊藤氏の労働という視点を組みわせた、倫理×労働による組織改革が現代社会における目指すべき方向になりそうだ。それによって、格差問題や地球環境破壊問題に対処していく必要がある。具体的な企業改革や労働組織改革が現れ始めている。例えば、Bコープは認証ビジネスを通じて、倫理的な生産活動を行っている企業を選び広めていくという試みを行っている。倫理的視点を大切にする会社によって、資本主義経済は少しずつ良い方向へと向かっていくであろう。一方、労働者をエンパワーするための新たな組織も現れてきた。労働者協同組合である。それは、(1)組合員が出資すること、(2)組合員の意見を適切に反映させること、(3)組合員が事業に直接従事すること、という三つの点を特徴として持つ。労働者協同組合は、株式会社とは全く違った組織形態を有し、グラスルーツ型の分権的社会主義思想の中で特に高い評価を受けてきた生産組織である。評者はこの生産組織の可能性にとても興味がある。株式会社の改革については、新聞やマスメディアでよく取り上げられ議論されている。最近では特に、SDGsという視点から会社改革が盛んに論じられるようになってきた。だが、労働者協同組合についてはほとんど議論されていない。『はたらく』をつくる。みんなでつくる」を合言葉にした労働者協同組合法が、2022年10月1日に施行された。この法によって、労働者協同組合が広まる可能性が一段と高まっている。新しい生産組織が広まっていく可能性について、議論する絶好の機会が到来したと言ってよい。労働者協同組合は、どのような分野で、どの程度の規模で機能するだろうか。民主的な意思決定の利点・欠点はどこにあるだろうか。株式会社に対抗していくために生産性を高めることは可能だろうか。こうした論点から、経済学者は労働者協同組合についてもっと研究を進めてもよいのではないか。そうした研究蓄積が、新たな社会主義を構想する際に有益な視点を与えるのではないだろうか。『経済学の冒険』を読みながら、この問題に取り組んでみたいと強く思うようになった。

(2) 貨幣研究の視点について

本書第一章では、市場と貨幣について標準的な経済学とは違った視点から論じた本が多数紹介されていた。その中で、評者が特に注目した本が、6の『岩井克人「欲望の貨幣論」を語る』(岩井克人+丸山俊一+NHK「欲望の資本主義」制作班)と7の『脱国家通貨の時代』(西部忠著)の二冊である。どちらの本も、標準的な経済学ではつかまえることができない貨幣の意味について解き明かそうと試みている。そして、新たな貨幣像を提示している。二冊の書評を読むと、貨幣に対する見方が変わる。ただし、6は「貨幣の逆説性」、7は「貨幣の多様性」という視点を全面に押し出しているため、両氏の貨幣のとらえ方には違いがみられる。これらの書評を読むと、標準的な経済学による貨幣の理解はとても狭いものだ、と思うようになる。標準的な経済学では、貨幣は交換機能を有した、市場での取引を促す媒介手段に過ぎない。だが、貨幣が取引を促進することもあれば、逆に取引を停滞させて混乱を生み出すこともある。また、普遍的な経済学が想定する一つの貨幣が一つの市場を創るという発想を超えて、複数の異なる貨幣が多様な取引を可能にする市場や暮らし方を実現する、という発想もあり得る。貨幣についていろいろな視点から詳しく論じる余地は、まだまだ残っていることは明らかだ。

『経済学の冒険』は、経済現象に対する従来の見方を変えてしまう本の論点を非常に丁寧に紹介しているため、読者の思考を促す役割を果たしてくれる。貨幣についての常識を取り払ってしまい、想像力を発揮しながらその意味や変革の可能性について考えていくことも必要ではないか、というメッセージを発している。評者は、6と7の書評を読むことで、貨幣の機能についてもう一度考えるようになった。標準的な経済学では、貨幣は四つの機能を持つ。それらの機能が全て備わった手段を貨幣とみなす。しかし、こうした常識から一度離れて、貨幣の機能についてあらためて考えてみたところ、ある機能の強弱をつける、ある機能を除外あるいは追加する、という方法によって貨幣の特徴を変化させることができるようになるのではないか、と考えるようになった。貨幣の蓄蔵性を弱めた貨幣を想像してみる。それは、貨幣の使用を促進し取引を活発にする。戦間期に現れたスタンプ貨幣は、貨幣の蓄蔵機能を弱めたものである。相手からモノを受けることを目的とした交換の機能を弱め、取引と同時に相手に対して何かを贈る機能を強めた性質を有する貨幣を想像してみる。その貨幣を受け取った人は、別の誰かにその貨幣を贈ろうとするので、次々につながりが形成されるような関係性が生まれてくるかもしれない。現在、国分寺市で流通する「ぶんじ」というコミュニティ通貨には、メッセージを贈るという機能が備わっている。それによって、国分寺市に新たなコミュニティが形成され広まりを見せている。貨幣の機能に着目した研究もこれから重要性を持つようになるのではないか。『経済学の冒険』が取り上げた二冊の本とそれらについて力を込めて紹介した書評から、貨幣を論じるポイントについてあらためて考えてみるきっかけを得られた。読者の思考を促す力がこの本には備わっている。

ビジョンを学ぶ冒険へ

本書の意義や論点等について、様々な視点から述べてきた。大著であるため、数多い論点を確認でき、経済学にはまだまだ考えるべきテーマが存在することをあらためて知ることができた。『経済学の冒険』を読むまでは、評者の経済学に対する興味関心は薄れていた。経済学を学ぶことももちろん大切であると思うが、人類の本質をつかむには人類学、生物学や心理学等の学びがもっと必要である、と思い始めていたからだ。実際、ここ数年読んできた本は、そういった種類のものが多かった。だが、『経済学の冒険』を読んでいくと、経済学の可能性を感じるようになり、もう一度しっかりと様々な古典を読んでみよう、と強く思うようになった。著者の経済学に対する熱い気持ちが、評者のそうした感情を引き起こしたのである。

経済学の学び方が画一化され数理的な思考力が一層求められるようになってきた。特に、経済学の学びには数学の知識が必須である、と言われている。確かに数学の知識は、経済学の学びを進めていく上で必要であろう。特に、ここ数年、経済学ではデータ分析の重要性が強調されるようになり、数学、特に統計学やプログラミングの知識が求められるようになってきた。だが、こうした知識によって分析される経済という対象の本質について正確に理解するためには、市場や貨幣について考察するビジョンの提示が絶対に必要になる。そうしたビジョンがなければ、経済の意味や課題を捉えることができない。分析する道具を持っていても、何が問題なのかを知ることができなければ研究を始めることができない。だからこそ、古典から様々な経済のビジョンを学ぶのである。そうすることにより、分析の方法や中心となる課題について議論ができるようになり、課題の発見と研究も進むだろう。古典を読むという行為はかなりの時間を要する。途中、楽しいこともあれば苦しいこともあるだろう。その意味で、それは冒険である。だが、こうした冒険を通じて私たちの認識は広がっていく。そして、私たちの認識の広がりに応じて、経済学もまた、より優れた学問へと発展していくのである。『経済学の冒険』は、そうした冒険の必要性を教えてくれる最良の本である。

追記　エピローグ「補記」について感じたこと

本の補記について述べることはほとんどないと思いますが、読みながら涙があふれてきましたので少し書いてみようと思います。『経済学の冒険』は、経済学者との交流の成果をたくさん含んだ大著ですが、著者のお父様との交流によって作り上げられた箇所があります。それは、「人物ガイド」です。「人物ガイド」は、お父様の御助言によって完成したということを知りました。しかし、本書の完成前にお父様がご逝去されたと記されています。私にも似た経験があります。私が博士論文を執筆している中、父は亡くなりました。突然の出来事だったため激しく動揺しました。父は、私が博士号を取得することを本当に楽しみに待っていたようですが、その思いは叶わなかったのです。深い悲しみの中、気力を振り絞って論文を完成させたことを覚えています。著者は、深い喪失感と悲しみの中、『経済学の冒険』の完成に向けて、渾身の力を振り絞りご執筆されていたのではないでしょうか。お父様の理解と献身が著者の支えになっていた、ということを知ってそのように想像しました。『経済学の冒険』は、著者の経済学に対する愛情が存分に示された本です。ただし、それだけではありません。ご両親に対する深い愛情も感じる本です。補記を読みながら二つの愛情によって『経済学の冒険』が完成したのだと感じ、この本をより一層愛おしく思うようになりました。

くりた・けんいち＝東京経済大学経済学部准教授。横浜市立大学商学部卒、北海道大学大学院経済学研究科修了（経済学博士、２０１０年）。著書に『コミュニティ経済と地域通貨』（専修大学出版局、２０２０年）。一九七六年生。

『経済学の冒険』の〈記録〉が〈記憶〉されるために（塚本恭章）

『経済学の冒険』は「証明」の書

拙著『経済学の冒険――ブックレビュー&ガイド100』に対し、栗田健一さんが、今回きわめて丁寧で詳細な書評を書いてくださいました。まずそのことに深くお礼を述べたいと思います。本当にありがとうございます。以下では、簡潔ながら著者のリプライを添えたいと思います。

あらかじめ述べておけば、『経済学の冒険』が刊行された2023年9月5日以降から現在に至るまで、著者の私は、拙著をめぐる対談や論考・論説、本書に関連しうる著作の書評や経済書の回顧などを引き続き発表してきています。そのこともあってか、栗田さんへの本稿リプライの骨子そのものは、それらのなかにすでにほとんど暗黙的に含まれているのではないかとも考えていますが、ここであらためて論じ直してみようと思い立ちました。「記録」として書き残しておきたいということです。

栗田さんの拙著への「書評」は本格的なものであり、分量的にも内容的にも見事な仕上がりになっています。すでに拙著には15本程度の書評が発表されていますが[*1]、そのなかでも、最も拙著の内容に踏み込んだ作品のひとつだと思います。とりわけ「書評」というものは、評者のスタンスや精神、著書への距離感が端的に映し出され、書評対象の本に純真で誠実に向き合う心構えが何よりも求められます。そのような側面からみても、繰り返しになりますが、栗田さんによる拙著への「書評」は本当に明快なる筆致で書かれており、「読み手」になった私自身、拙著のもつ意義や特徴などをあらためて教示していただくことができました。

本書は、著者である私が15年以上に及んで書き続けてきた「書評」をあらためて一括して「一書」にまとめあげた作品であり、著者自身としては「単なる書評集」にとどまらない学術的意義をもつものにできないかと執筆中から思案していました。そのための様々な「工夫」については栗田書評で言及されています。「本を読む」と同時に「本を評する」(書評を書く)、これらを実践してきた私自身の一つの成果であり、少しきどった表現をすれば、「本を読む」ことを日々の授業で推奨している大学教員の学生諸君に対する「証明」の書でもあると思っています。もちろん本書は書評集の決定版でもなんでもありませんので、本書で取り扱っていないそれこそ数多くの経済学のテーマについては、別途の入門書なり専門書を参照していただければよいと思います。あるいは本書に啓発されて、新たな主題にもとづく書評集が今後刊行される日が訪れるかもしれません。

1 たとえば伊藤宣広先生による書評は、学生にも理解できる明快な筆致をつうじて拙著の内容と特徴・意義を手際よく整理した一文として推奨できます。『高崎経済大学論集』第67巻第3号、2024年、75–77頁、を参照ください。

本書のそうした狙いをもまさに的確に指摘しながら、評者の栗田さんは、いわゆる伝統的で標準的な人物型・学派区分型ではなく、「テーマ型の経済学史研究アプローチを使うことによって、本書は経済学の多様性を提示することに成功している」との評価をしてくれています。そして本書全体に対しては、「書評対象とされた全ての本の魅力を引き出し、そしてその魅力を読者に伝えることに成功している。これは驚くべきで、称賛に値する」という評価をも与えてくれています。さらに付言するならば、栗田さんは、「『経済学の冒険』を読むまでは、評者の経済学に対する興味関心は薄れていた」と述べ、「だが、『経済学の冒険』を読んでいくと、経済学の可能性を感じるようになり、もう一度しっかりと様々な古典を読んでみよう、と強く思うようになった。著者の経済学に対する熱い気持ちが、評者のそうした感情を引き起こしたのである」とも回顧されているのです。これほど嬉しく、ありがたい評価はないのではないでしょうか。

経済学を学ぶ若い世代にむけて

そうした観点から議論を少し推し進めましょう。かりに『経済学の冒険』が、栗田さんのような経済学という学問を専門としてきた一研究者に新たな「経済学の可能性」の息吹を吹き込むことができたならば、それは本書が、それなりの専門性や学術性を有していることの証左といえるでしょう。栗田さんは、拙著を担当講義や演習系のゼミなどで学生に「推薦」してくれたそうです。たしかに拙著は、経済学という学問の専門家を一読者対象にはしていますが、実際のところ、拙著の冒頭で私は、「経済学という学問の扉を開ける」と述べており、むしろこれから大学で経済学を勉強することになる高校生や、すでに今現在、大学において勉強している（経済学部の）学部学生をこそ主たる読者のターゲットにしているのです。

刊行後、さっそく私自身は、秋学期の「経済学史」と「社会思想史」の講義系の担当授業、「基礎演習」やゼミなど演習系科目で本書をテキストないしは参考書として指定してみました。「指定」された以上は購入しないといけない（！）ということで、多くの学生は素直に応じてくれたようです。ところが拙著は650頁をこえる大著であり、これまでにほとんどみずから読書した経験がない学生諸君からすれば、本書の「読破」は途方もない難作業に映ったことでしょう。たしかに専門書を多く扱ってはいますが、新書や話題書など、学部学生にも十分に理解できる本もラインナップされています。書評集ですから、好きな箇所から読むことができるし、「今日は5冊の書評を読もう」というように、メリハリをつけて段階的に本書を読み進めていくことだってできるのです。ところが「辞書」のように分厚い大著という時点で、すでに「読破」しえない壁に直面したかのような心境になってしまう。そもそも「活字」に疎い学生諸君には、読書という知的行為そのものがなかなかの厳しさを突き付けているのです。

ただ一昨年度、『経済学の冒険』を読破しえた学生が1名おり、A4で1枚という短い分量ながらの簡潔な感想文を提出してくれました。その文章は、私にある種の「感銘」を与えるものであったので、ここで紹介しておきたいと思います。少し長いですが、正確に記載しておきます。「私は『経済学の冒険』を読んで、もちろん貨幣や市場について、資本主義と自由の関係性、資本主義のオルタナティブなど多くのことを考えました。これは一冊の経済書を読むことのみでは、多くあることではないのではないかと思います。しかしながら経済書の趣旨とずれるかもしれませんが、最も印象に残ったのは、塚本先生が講義中や講義後に語られた先生の教育に関する倫理や思考が本書に詰まっていたところです。伊藤誠先生や岩井克人先生などから脈々と受け継がれてきている学者や教育者としての精神に非常に感銘を受けました」。『経済学の冒険』の内容そのものをこえて、本書の基本精神を読み抜いたものとしてきわめて尊いものであると私自身も実感しているところです。このことを後日、『経済学の冒険』の帯推薦文を書いてくださった岩井先生にメールでお伝えしました。

これ以上は深掘りしませんが、栗田さんのようにすでに経済学という学問を専門とする研究者にとどまらず、これから経済学という分野を学んでいきたいと考えている若い世代の学生諸君への『経済学の冒険』の浸透こそが、今後の課題のひとつといるでしょう。数時間で読了できる「お手軽な本」がたくさん刊行されていますが、そういった本は概して残らないだろうと私は思っています。そのような本を10冊読むくらいなら、多少難しくても、しっかりとした深い見識にもとづいて書かれた本を1冊選んで（たとえば「経済学の古典」など）、時間をかけてじっくりと思考しながら読むほうがずっと記憶に残り、力もつくものです。次に別の本を読んだときにも、その力は間違いなく活かされるはずです。「お手軽な本」はまたすぐに刊行されるので、あっという間に賞味期限がやってきて、人々と世間からも忘れられていく。「売れる」ことだけを目的とした本は、大学図書館に所蔵されることも少ないのが現状でしょう（なお『経済学の冒険』は300大学所蔵をこえています。大学教員が刊行した学術書は、やはりなんといっても大学図書館のなかに入荷・所蔵され続けることで、世代をこえて読み継がれていく可能性を残していけるのです）。[*2]

2　栗田さんは、『経済学の冒険』の「エピローグ」補記についても、書評の最後で言及されています。そこには、本書の執筆中に私の父が他界したこと、そして栗田さん自身も、かつてみずからの博士学位論文の執筆中に父親の死去に遭遇したことなどが、簡明な文章ながら私の心中を察する筆致で綴られています。一言だけ述べれば、9月以降になって父の死が迫るなか、当然ながら完成稿にむけた本書の作業は中断を余儀なくされ、葬儀などが終わって自宅に戻った2022年10月1日、私はとにかく「本書を前に進めよう」と決断しました。いや、決断するしか道はありませんでした。それ以前から、伊藤先生や岩井先生などいろんな先生に励ましのお言葉をかけてはいただいていましたが、なかなか気持ちを切り替えることが難しかったのが現実です。だが今は余計なことは考えず「本書を前に進めることだけに集中しよう」、そう私は誓いました。時計の針がふたたび動き出すまさに最初に筆をとったのが、栗田さんが言及してくださった「エピローグ」の「補記」の文章なのです。ここを書き終えたことで、そのときは少し吹っ切れた自分がいたことを覚えています。全国の各大学に『経済学の冒険』が所蔵されることで、他界した父も私の本とともに生き続けることになるのではないか、少なくとも私はそう信じます。この箇所をあえて書評のなかで触れていただいた栗田さんに感謝したいと思います。

栗田さんは、現在の大学における経済学教育カリキュラムの中核的存在をなす標準的経済学（ミクロ・マクロ経済学や統計学、計量経済学）を学んではみたものの、それによって「経済の仕組みや変動の原理について理解できた、という実感をちっとも持つことができなかった」と述べています。これはまさに実直な見解に違いありません。大学院でのカール・マルクス『資本論』やカール・ポランニー『大転換』のような古典的名著に出会って、初めて「経済現象の本質と意味について考えることができた」のです。古典的名著のような「本物の書」に出会うことができれば、経済学という学問の本当の面白さと奥深さを実感できることでしょう。どんな分野であろうと、時間と労力をかけてみずから試行錯誤しながら思考して摑んでいくのが「学問」なのであり、なにもせずして天から降ってくるはずがない。そうした体験をすでに得ている教員が、「本」をつうじて学生諸君にどう語り続けるのかというテーマが浮かびあがってきそうです。一言でいえば、学生諸君にこそまさに「経済学の冒険」に挑んでもらいたいということです。それはけっして不可能ではありませんし、この点で、栗田さんと私の見解は完全に一致していると思います。

経済学史版アクション・リサーチ――東大の岩井「経済学史」講義

栗田さんは本書の「エピローグ」である「経済学の次なる冒険をめざして」の内容を紹介するなかで、ここからは「研究の進め方についても学ぶことができる」とし、本書での私の研究方法を「経済学史版アクション・リサーチ」と称されています。いうまでもなく「書評」という知的行為そのものが主体的な「アクション」であり、本の存在を知らない読者に、著者に代わって第三者的な評価をくわえて紹介するものです。書評とその評者は、著者と読者を繋ぐ媒介にほかなりません。あくまでみずからの知的関心に則って、広く一般読者とも共有してみたい内容や論点をしっかり紹介することこそが、評者にとっての最も重要な心構えです。「書評」の手ほどきを受けたわけではありませんが、２００９年以降に一般紙に寄稿し始めた頃の私は、故青木昌彦先生（スタンフォード大学名誉教授）、栗田さんの北海道大学大学院時代における指導教授の西部忠先生（北海道大学名誉教授、現在は専修大学経済学部教授）の「書評」をじっくり読んでは研究しました。青木先生には「書評」について、メールで助言をいただいたこともありました。

ただ、私自身が長く書評を書き続けることができた最大の理由は、「本を読み、文章を書く」ことが好きだったことがもちろんあるのですが、それ以上に、本というものは「一度読めば理解できる」ようなものではけっしてないからです。「本物の本」とはそういうものです。逆にいえば、一度読んで簡単に「理解」できてしまうような本は、その程度のものである可能性が高いのではないでしょうか。当然といえば当然です。そのことを私が最も強く実感しえたのは、岩井克人先生による一連の書物でした。私は、２００４年冬学期の東京大学での岩井先生の「経済学史」講義を聴講する機会を得ました（30歳になる直前であった私は、日本学術振興会の特別研究員ＰＤとして、伊藤誠先生を受入指導教授とする國學院大學での研究がスタートしていましたが、東京大学大学院経済学研究科の研究生としても在籍する許可を得ていたからです）。岩井「経済学史」講義を拝聴しながら、これまでに自分が「理解」していたはずのレベルとは大きく異なる授業内容を突き付けられ、理解を深めていく喜びと感動と同時に、自分自身の理解不足にもいささか落胆しておりました。そして授業後にはほとんど毎回、岩井先生に質問させていただくようになっていました。

さてここで何を言いたいのかというと、それは、あれから20年を経て私が2024年1月に50歳になった今でも、まさに「その状況」は続いているということなのです。「理解」を深める知的営為（ないしは知的「冒険」といったほうがより正確かもしれませんが）は、現在進行形であるのです。岩井理論や岩井「経済学史」講義への知的関心は私のなかでいっこうに減退することなくむしろ高まり続け、岩井先生の『経済学の宇宙』（日本経済新聞出版社、2015年、「補遺」を含む文庫版は2021年）を契機として、より内在的で構造的な理解ができるように何度も何度も本書を中心としながら、岩井先生の書物や論文、対談などを熱心に読み込みながら理解を深めていった（いる）自分がいるのです。そしてその過程で、栗田さんがすでに称された「経済学史版アクション・リサーチ」に対応するとみなしてよいのか、岩井先生にはそれこそ本当に数多くの質問をメールでさせていただき、本当に数多くのご返信をいただきました。今にして思えば本当に信じられないことであり、こうしたなかから、書物などでは直接的には得られない知見や思考をご教示していただきました。

岩井理論や岩井「経済学史」についての論考を書き続けることは、「貨幣」や「法人」、そして「資本主義」について思考し続けることにほかならず、『岩井克人「欲望の貨幣論」を語る』は2020年の刊行後、私のすべての講義系科目のテキストに指定しています。[*3] こうして私は、「本」をつうじての「人」との知的交流を続けることができたことを本当に喜び、本当に感謝しています。「本脈」が「人脈」を形成するのです。

2024年1月に50歳になった私は、同年3月29日号「週刊読書人」の紙面で、「岩井論」についての論考を発表しました。同年5月号の『科学的社会主義』誌において、伊藤誠先生の遺著

3　岩井先生の『岩井克人「欲望の貨幣論」を語る』（東洋経済新報社、2020年）については、刊行後すぐに「週刊読書人」において書評したのですが、2023年の春学期「経済学史」を講義しているとき、「本書をふまえてもう一度、論評ないしは論考を書く必要があるのではないか」と思い立ち、夏季休暇に入ってさっそくその作業に取り組みました。完成後、岩井先生に論考ファイルを送信したところ、その返信メールにて、岩井先生はいま美苗夫人とともにご友人に招待されてフランス滞在中で、帰国は8月下旬であることが記されていました。10月にはいり、「ようやく塚本さんの論考を読むことができました」という文面とともに、岩井先生の感想とコメントのメールを頂戴することができました。二万字を超える長い論考です。それでもなお、時間をつくって読んでコメントをしてくださった岩井先生の好意には深い感銘を覚えました。それからほんのしばらくして、各新聞紙面で、岩井克人先生が2023年の文化勲章を受章される旨、知ることとなったのです。

『資本論』と現代世界――マルクス理論家の追憶から』にもとづく論考も発表しました。二人の偉大な先生については、これまでに書評や論考、追悼など多くの文章を私は発表してきましたが、上記のふたつの論考がこれまでに書いたもののなかで最も優れているのではないかと、自分自身でひそかにそう思っているのです。「読み続けてきた」だけでなく「書き続けてきた」こと、これこそ50歳になった今あらためて強く実感できる大きな成果といえるでしょう。いや、むしろそのことの重要性そのものを、私は二人の偉大な師から明確に学び取っていたのだと思います。

研究テーマとの出会い――西部忠『市場像の系譜学』のインパクト

私が大きな知的影響を受け続けているもう一人の研究者といえば、栗田さんの指導教授でもあった西部忠先生でしょう。

拙著『経済学の冒険』では、西部先生の『市場像の系譜学――「経済計算論争」をめぐるヴィジョン』(東洋経済新報社、1996年)を第1章の最初のブックレビューとして取り上げています。栗田さんはご自身の書評のなかで、著者は「いつ頃、社会主義経済計算論争の存在について知り、なぜ、関心を持つようになったのか。この点については本の中でほとんど語られていないが、『経済学の冒険』を読み解くための一つのカギになりそうだ」と述べています。「社会主義経済計算論争」については『経済学の冒険』のなかでそれなりに論及していますが、具体的に「いつ頃」と聞かれれば、慶大の大学3年次ゼミをつうじてでした。

『経済学の冒険』に所収されている「卒論と本とわたし」と題された「間奏曲1」にもあるように、その当時に私が所属していた慶大ゼミは卒論テーマ選定をかなり早くから実施しており、3年次の時点で何度か卒論の中間報告をする機会もありました。3・4年次合同でゼミはおこなわれており、先輩ゼミ生や大学院生からの忌憚なきコメントや批判を受けることとなります。「資本主義」をこえるという目標を掲げて人類がめざした「社会主義」経済システムが行き詰って破綻したことに興味があった私は、こうしたテーマで卒論をぜひ書いてみたいと、ゼミに入った当初から考えていました。とはいえ、近代経済学の古典やカール・ポパーの社会科学方法論のテキストなどを論読していたゼミにおいて（3年次の最初に読んだのが、シュンペーター『理論経済学の本質と主要内容』とカール・ポパー『開かれた社会とその敵』でした。夏のゼミ合宿でシュンペーターの『経済発展の理論』を輪読しました）、マルクス経済学や社会主義について別途に勉強するというのは、それ相応の勇気がいることとでした。

そこで「社会主義」という研究テーマをマルクス主義のようなイデオロギーと混同せずにいわば科学的に取り組むことが可能な方法を探っていくうちに、オーストリア学派のミーゼスやハイエクによる「社会主義存立不可能論」と、近代経済学の経済理論（ワルラス＝新古典派の一般均衡理論）を援用して「社会主義存立可能論」を支持したオスカー・ランゲらによる「論争」のことを知りました。テーラーとランゲの『計画経済理論』やハイエクの『個人主義と経済秩序』（ハイエク全集第3巻）、ハイエク編著『集産主義計画経済の理論』、『市場・知識・自由』などに出会って、そこから「社会主義経済計算論争」を支柱にしながら、W・ブルスの分権的・機能的社会主義モデルの試みに注目し、なんとか卒業論文の骨格が固まっていったことを覚えています。『経済セミナー』（1991年）に掲載されていた、その当時は和歌山大学経済学部の助教授であった尾近裕幸氏による2本の論文「社会主義経済計算論争の意義（上・下）」を読み、現代オーストリア学派の復活という動きがあるなかで、ドン・ラヴォアやイスラエル・カーズナーらによって、当該論争が再解釈され始めていることも学部ゼミ時代に知りました。

社会主義経済計算論争についての本格的な研究はまだ日本ではほとんどなかった頃で、伊藤誠先生の『現代の社会主義』（講談社学術文庫、1992年）や『市場経済と社会主義』（平凡社、1995年）がその先駆的存在だったと思います。そして、私が大学を卒業する直前の1996年3月に西部先生の著書が刊行されたわけです。そのときの印象というか衝撃は今でもはっきり覚えていますが、西部先生の『市場像の系譜学』を初めて読んだときは「その狙いがよく理解できなかった」ということに尽きます。学部学生の私にはあまりに本書のレベルが高かったのだと思います。西部先生の後輩にあたる滋賀大学の田中英明先生が、「あの本で、西部さんは社会主義経済計算論争そのものをやりたかったわけではないからね」とのちに教えてくれました。『経済学の冒険』の

「間奏曲1」にあるように、西部先生の著書と出会った直後の1996年4月から、慶大の経済学部「社会主義経済論」の非常勤講師として伊藤誠先生がお越しになられました。そのときはまだ面識のなかった西部先生について、初めてお聞きしたのも伊藤誠先生でした。伊藤先生は、「西部君はこの本で一仕事終えたね」と笑顔で応じられました。こうした一連の交流のなかにも、本脈と人脈が同時に貫き流れているのだとあらためて感じているところです。

＊

栗田さんは拙著の第2章「資本主義と社会主義——対立する世界のゆくえ」の内容を紹介するなかで、「論争こそが、市場と貨幣の解像度を上げることができるのだ」という、じつに的確な指摘をされています。いうまでもなく社会主義経済計算論争は、「社会主義」の存立可能性をめぐって争われたのですが、それをつうじて、経済学の大地といえる「市場」像や「貨幣」像の内実とそのあり方へと大きく射程を拡げていきました。特殊な問題群をこえた一般的な問題群を浮かび上がらせたこと、ここにこそ当該論争の今なお大きな現代的意義があるのだと考えられます。

西部先生はランゲの「集中的市場」に対比して、ハイエクの「分散的市場」を中核に据え置く重要性を説きながら、その「分散的市場」を可能にする「貨幣のあり方」を再考され続けていきます。けれども、新古典派経済学者の多くは、ハイエクの意義（たとえば彼の1945年の「社会における知識の利用」という論文）を認めながらも、それを「新古典派経済学」のなかに包摂する思考で捉えているため、実際のところ、ハイエク理論のもつ独自性はけっして十分に理解されていないともいえるのです。そのことの論理的帰結は、ハイエクの「分散的市場」の過小評価であり、「集中的市場」に批判を投じながらも、依然として経済理論のコアにそれを据え置く方法論を堅持することにほかなりません。

さらに付言すれば、マルクス経済学の理論家によるハイエク理解についても、新古典派経済学の理論家と同じことがいえるかもしれません。新古典派、オーストリア学派のハイエク、そしてマルクス経済学の理論的関係は、20世紀の社会主義経済計算論争における主要学派をなしていたのですから、現代から当該論争を問い直す意義は廃れていないのです。21世紀的な見地からみれば、当該論争を突き抜けていくような研究がより求められているのではないでしょうか。20世紀の「経済思想」には大きくみて、ケインズ主義、社会主義、新自由主義（自由放任主義）の三つがありました。ただ、そのいずれもが重大な問題を内包していることが実証された今、ではこうしたトリレンマに直面し続けているわれわれ人類はどうすればよいのか、新たな経済思想をどう生み出していけばよいのかが真剣に問われ続けているのです。岩井先生や西部先生、そして伊藤先生の鮮烈な問題意識は、まさにそうした形で定式化できうると思われます。

栗田さんは『経済学の冒険』を評価して、それは、「市場や貨幣のヴィジョンを多様化することを目指しているのと同時に、社会主義像を多様化する『社会主義の冒険』にも挑んでいることがわかる」と主張されています。ここでの「社会主義の冒険」という表現が適切かどうかはひとまず措くとして、現代世界における主流派的潮流はブランコ・ミラノヴィッチが唱えている「資本主義だけ残った（Capitalism, alone）」という認識でしょう。その骨子は、資本主義はいかなる危機があろうともそれを乗りこえてきたのだから、もはやそれに代替しうる経済システムは存在しえないということです。「社会主義の再冒険」ないしは「社会主義の再挑戦」が理論的にも現実的にも可能であるためには、資本主義が直面し続けている危機の根源というものが、本当に「資本主義」以外の新たな別の経済システムでなければ克服できないものであるのかをしっかり見極めることではないでしょうか。経済学という学問が「市場」や「貨幣」、そしてそれらにもとづく「資本主義」を主たる考察対象とするのをこえて、より広く大きな射程をもつオルタナティブとしての「社会主義」の新たな可能性をも念頭に据え置くことに、私は全面的に賛成です。

「経済学の冒険」のこれからの論点

上記の論述内容は、栗田さんが指摘されている「本書を読んで議論してみたいと思ったポイント」とも密接に関連しています。

いわゆる「資本主義的営利企業（株式会社）」とは異なる生産組織としての「労働者協同組合」の可能性に栗田さんは着眼されていますが、そのことは、いわゆる「二階建て構造」論からなる岩井先生の法人・会社論において、「モノとしての会社」（二階部分）の所有者である株主がまったく存在しえない、純粋に「ヒトとしての会社」（一階部分）として存立するNPO法人の潜勢力に光が当てられていることにも対応する見解です。岩井法人論は資本主義における会社システムのもつ本質的な多様性を解明しようとするものであり、「岩井氏の倫理という視点、伊藤氏の労働という視点を組み合わせた、倫理×労働による組織改革が現代社会における目指すべき方向になりそうだ」と栗田さんは強調されています。

岩井先生はあくまで資本主義システムの枠内で「倫理」を重視する「信任社会」化のあり方を志向されているのに対し、伊藤先生は最終的に資本主義システムを脱却する「二十一世紀型社会主義」（二十世紀のソ連型国家社会主義に対峙しうる市場社会主義や民主的計画経済など）の多様なあり方の可能性を志向されています。したがって、そこにははっきりとした違いがあるのですが、二人はともに自由放任主義ないしは新自由主義的グローバル資本主義の内的矛盾を批判している側面では完全に一致しています。そうした観点からみても、「倫理×労働」というポイントは重要な意味合いを有していると考えられます。新自由主義にもとづく資本主義的な市場競争原理がよりいっそう強化され、働く人々の生活基盤が顕著に毀損されてきているなかで、営利法人としての株式会社とは異なる会社形態が一定規模で存立し続けることができるならば、その21世紀的な理論的・現実的可能性を探究していくことも欠かせない試みになるはずです。こうしたテーマに大きな学問的関心をもつ、栗田さん自身の研究の進展にも期待を寄せたいところです。

二つめの「貨幣研究の視点について」をつうじた栗田さんの指摘も、けっして見逃せない現代的意義をもっています。

＊

貨幣論を主要な研究テーマのひとつとしてきた岩井先生が「貨幣の逆説性」、西部先生が「貨幣の多様性」を説いているとし、栗田さんは、『経済学の冒険』第1章「市場と貨幣――経済学の大地にふれる」の要約をされるなかで、とりわけ次のような内容を強調されています。「貨幣は必要不可欠なものなのに、社会を混乱に陥れる可能性を有する逆説に満ちた存在であるということ、多様な貨幣が共存することで私たちの生き方を多様化できる可能性があるということ、という視点が経済学の再構築にとって重要となる」ということです。

いうまでもなくこのような論点提起は、主流派の新古典派経済学における「貨幣」の捉え方の狭さを炙り出すと同時に、「貨幣」を経済理論のコアに据え置いていない主流派経済学は、「資本主義」についてもけっして十分な考察を与えていないことをあらためて議論の前面に押し出すものでもあるのです。岩井先生によれば、人間は貨幣のもとで「匿名性」を得るだけでなく、貨幣は共同体的束縛から人間というものを解放し、まさに近代社会における人間の「自由」に基礎を与えうるものなのです。さらにいえば、じつは貨幣というものは、人間社会に存在する「もっとも純粋な投機」にほかならないのです。貨幣に基礎を置く資本主義社会が、「貨幣のバブル（恐慌）」や「貨幣のパニック（ハイパーインフレ）」などの「危機」を本質的な不安定性として内包しているのは、こうした貨幣についての洞察の必然的かつ論理的な帰結といえるでしょう。岩井先生が重要視されている「自由と安定との二律背反」と、栗田さんが指摘されている「貨幣の逆説性」は、まさに有機的に関連し合う内容であるのです。

古代ギリシャのアリストテレスが見いだした「貨幣の逆説」をこそ、岩井先生は「人類史上最大の発見の一つだと思っています」[*4]として、高く評価されています。アリストテレスの洞察は、約2300年後に現代のケインズに引き継がれました。こうした理論問題の意義をよりいっそう明確にするためには、「経済学史」の方法とそのあり方そのものを深く問い直す必要があるのです。一言でいえば、経済学と経済学史は、「貨幣」と「資本主義」をこそ最重要論点として解明する学問であることを深く再認識することであり、その最良の成果のひとつが岩井「経済学史」にほかならないと私自身は考えているのです。

栗田さんの先の指摘にあらためて立ち返るならば、岩井先生の「貨幣の逆説性」と西部先生の「貨幣の多様性」という貨幣研究の各々のスタンスの理論的関係を再考することは、両氏の「ハイエク評価」に帰着することになるといえるでしょう（なぜならば、二人によるハイエク『貨幣発行自由化論』に対する評価はまさに180度、真逆だからです）。[*5]そしてそのことは、結局のところ、「貨幣とは何か」という最も根源的な問いに還元されうるでしょう。『脱国家通貨の時代』を中心としながら、西部先生とは「往復書簡」としての共同論文を書く予定になっています。

栗田さんによる『経済学の冒険』の書評を読み進め、その内容に私は大いに啓発されました。そのことに身をゆだね、私なりの率直なリプライを書き綴ってみました。あまり学術的な論述になっていないかもしれませんが、今はこれを「記録」として書き残しておくことが大切だと感じています。このリプライが今度は、私と栗田さんとの新たな本脈と人脈の形成に寄与することを願って、ここで筆を置きたいと思います。書評の労をとっていただいた栗田さんに最後にもう一度、深く感謝申し上げます。

4　岩井克人他『岩井克人「欲望の貨幣論」を語る』東洋経済新報社、2020年、142頁。

5　岩井先生は、『岩井克人「欲望の貨幣論」を語る』(東洋経済新報社、2020年)で、こう述べています。ハイエクは1976年に『貨幣発行自由化論』という書物を出版しましたが、「不幸にして、ハイエクの自由放任主義は理論的な誤謬であり、さらに貨幣発行自由化論は百害あって一利なしの主張だとも思っているのです」(60-62頁)。それに対して西部先生は、『貨幣発行自由化論』を『貨幣の脱国営化論』へ邦訳を変更し、『脱国家通貨の時代』(秀和システム、2021年)で、ハイエクが重要視した「貨幣の質をめぐる独占的競争が、消費者により良い品質の商品だけでなく、より良い品質の貨幣を選択する自由を与えてくれるのです」(340頁)と主張しています。みずからの貨幣多様性論の理論的根拠をハイエクのそれに求めているのです。

書評本が形成する多様性と競合の場が「経済学の冒険」を可能にする（西部忠）

縦横無尽な渉猟へ誘う経済学100冊分の書評本

塚本恭章氏の『経済学の冒険』は、経済学、経済学史の分野における稀有で良質な書評本（レビューブック）である。そこには、国内外の経済学者が出版した本（翻訳本を含む、論文は含まず）に関して、60冊分のレビュー（第1章「市場と貨幣」、第2章「資本主義と社会主義」、第3章「経済思想と経済学説」、第4章「人間社会と自伝・評伝」）と40冊分のガイド（第5章「経済学の冒険は延長線へ」）が掲載されている。それらは、経済学、とりわけ主流派（新古典派ミクロ・マクロ理論）と一線を画した異端派（古典派、歴史・制度派、マルクス、シュンペーター、ケインズ、ハイエク等）を網羅している。

各章の主題に対する著者の視点や意図は、各章冒頭のリード文に記されているが、対象本の選定やレビュー&ガイドの構成順序自体にも反映されている。もちろん、読者は著者の視点や意図に必ずしも縛られる必要はない。レビュー&ガイドは個々独立しているので、読者は自分の興味や関心に従って多様な分野やテーマのレビュー&ガイドを縦横無尽に渉猟して構わない。

合計100冊のレビュー&ガイドの他、書評の対象本の著者からの寄稿文、80人に及ぶ経済学者の人物紹介、著者のコラムや論評（「間奏曲」）、経済学の年表も加えられている。こうした本書の豊富な内容と多様な構成は、初学者や学生にとっては、重そうに見える経済学の「学問の扉」を開き、様々な書物へ自発的に向かうことを促す工夫であろう。また、それは、研究者や専門家にとっては、多様な主題や内容をもつ１００冊の書物の相互関連を示し、配置関係を照らし出すための仕組みでもある。

異端派経済学の全体像から見える経済と経済学の共進化

未見の書物や関連する書物のレビュー&ガイドを読み進むうちに、書物間の関連を示す地図が自ずと形成される。こうして、本来の読書がそうであるように、人それぞれに個性的な、多岐にわたる経済学の全体像が次第に形作られていくであろう。本書は、このような自発的な試行錯誤のプロセスを伴う営みを通じて形成される多様なビジョンの共存や競合を伴う経済学の進化を促す役割を果たすだろう。

このような読者による独自な読みを通じて、レビュー&ガイド間のネットワークが自律分散的に形成され、異端経済学の全体像の俯瞰が可能になる。専門の研究者でさえ、自分が研究対象とする学派、分野や経済学者以外あまり知らなかったり、レッテルを貼って意図的に無視したりしている。欧米のみならず日本では多くの大学で新古典派のミクロ（ゲーム理論を含む）とマクロ、計量・統計しか教えられなくなってきている。それ以外の異端の経済学、経済学史、経済史を非科学的で不要な教科や学問であるとの見方がアカデミズムのみならず、政府や一般社会に広がっていき、そうした分野の教育研究（者）が減少してきた。経済学の対象である経済社会は開放的な複雑系であり、予測・操作が可能な閉鎖的な単純系のモデルで記述することはできない。そればかりか、経済社会は外的環境や人々の意識や価値観の変化に応じて変化している。しかも、時代の流れの中で妥当とされる経済学が次第に変遷し、ある時代に支配的になった理論は経済社会を現実に変えてしまう。このように、経済（貨幣、市場、制度、経済システム（資本主義、社会主義等））と経済学（古典派、新古典派、歴史制度派）は互いに影響を与え合い、多様性を保ちながら共進化を続ける。

こうしたことは、20世紀から今世紀にかけての戦争、革命、恐慌、スタグフレーション等の現実状況の急変に応じて、マルクス、シュンペーター、ケインズ、ハイエクらの理論の影響力が盛衰してきた事実の観察から理解できよう。このような状況下では、単一の理論が客観的法則を具現する真実の科学理論であるという素朴な実証主義・反証主義的な科学観は通用しないのである。

経済学は多様なビジョンが共存競合しつつ進化する

したがって、本書から形成される鳥瞰図は学派の多様性と進化を表すものになるであろう。ラカトシュが言うように、各学派を「科学的研究プログラム」と捉えれば、理論の中核的な公理・公準を形成するビジョンである「ハードコア（硬い核）」は、反証事例や理論の不整合等の提示によっては容易に変わらず、その現実的影響力が小さくなろうとも存在し続ける。経済社会の現実を一定の視点や価値観を含むビジョンによって切り取り、複雑で変化する現実を単純化し静止画像化した理論は複数存在しうる。社会科学としての経済学がこうした多様な学派の共存を伴いながら新奇さを創発し、進化する学問であることを認めることが、教育研究を実りあるものにする上で不可欠である。

研究者が自らの、あるいは自学派のビジョンを見直したり、再形成したりする際、経済学全体のネットワークや鳥瞰図を吟味することが必要となるので、多様なビジョンが共存競合する場を提供する本書のような書評本は極めて貴重なプラットホームだと言えよう。

近経とマル経を繋ぐための書評本という形式の戦略

英米には読者のための地図や道標の役割を果たす書評本の長き良き伝統があるし、日本でも文学や哲学の古典・名作の書評本は散見される。だが、管見の限り、専門の研究者が社会科学、特に経済学者が経済学の専門書に関する本格的な書評本を出版したことはないはずだ。だが、本書の場合、実はこの点に深い意味と戦略が込められているように思う。書評（ブックレビュー）の集積体としての書評本という形式は、「経済学の冒険」を遂行するための必須条件である。塚本氏はいまや分断どころか隔絶された諸学派を書評という形式を使うことで自由に横断し、経済学を俯瞰する全体像を活写することに見事に成功したと言えるのではないか。

日本の経済学では戦後一貫して「近経」と「マル経」という二大「派閥」により深く分断された「たこつぼ型」学問状況が存在してきた。ここで「派閥」という言葉を使ったのは、それらが学説や理論の内容以上に、政治・思想、イデオロギーの「対立」を意味していたからである。1989年以降のソ連東欧の国家社会主義崩壊以降、両学閥の「対立」が終焉して「分断」や「断絶」に取って代わり、マル経への「排除」と「差別」が行われた。

評者、そして塚本氏が師事した東大の岩井克人氏と伊藤誠氏はともに新古典派批判という意味で異端派だが、前者は「近経」、後者は「マル経」に属しており、ケインズvsマルクス、資本主義vs社会主義という問題について両者は相容れず、鋭く対立していた。先に述べた分断状況では、経済学史を共に担当していたとはいえ、両氏の間に議論どころかコミュニケーションさえ成立していないように見えた。

公正と寛容による相互対話へ向けて

にもかかわらず、塚本氏は両者の著作を読むことで純粋に学問的な喜びを得るという幸福な体験を継続できたからこそ、それらの書評を「読書人」等の雑誌に掲載し続けることが可能であったし、今回、そうした断絶を架橋する「オアシス」とも言える書評本を完成する僥倖を得られたのであろう。結果的に、学者＝人間からなる学会や大学ではなく、書物＝知識が主役ともいうべき書評紙等（「読書人」等）という特異な場が、両陣営が間接的に議論と対話を行いうるようなプラットホームを提供することに貢献した。これはひとえに、書評者である塚本氏が編集者の協力を得て様々なる書物を不偏不党の見地から紹介することに努め、その内容をできるだけ内在的に理解して評価するという、まさに誠実で公正な態度を貫くことで初めて可能となったものだろう。また、多様性を寛容に受け入れつつ人と対話する優れたコミュニケーション能力を持っているからであろう。

それらこそ、この間の近経とマル経の間の断絶に欠けていたものであったのではないか。本書の出版をきっかけにして、異端派に属する多様な学派が実りある相互対話を再開できるようになることを願いたい。

にしべ・まこと＝専修大学経済学部教授、北海道大学名誉教授。東京大学経済学部卒、東京大学大学院経済学研究科修了（経済学博士、1993年）。著書に『市場像の系譜学』（東洋経済新報社、1996年）、『資本主義はどこへ向かうのか』（NHKブックス、2011年）、『脱国家通貨の時代』（秀和システム、2021年）他。一九六二年生。

間奏曲2

卒業生との交流から——巣立ったからこそみえる景色

卒業後もかつての学生と変わらぬ交流を続けることは、新鮮です。お互いが「社会人」になり、そこに新たな会話と発見が生じうるからです。

拙著『経済学の冒険——ブックレビュー&ガイド100』の巻末「エピローグ」の「謝辞」で、私は本務校の愛知大学における二人のOBとOGの名をあげています。故郷の県庁公務員として働いている古市大也《ひろや》君（2015年入学）、金融機関でおカネのプロをめざしている坪島阿紀さん（2016年入学）です。二人に初めて大学で出会ったときのことは今でもよく覚えています。その日から今に至るまで定期的な交流が続いているのは嬉しいと同時に、驚きでもあります。母校や母校の先生が過去のものとならず、二人のなかで今なお現在・未来進行形であるからです。

古市君は塚本ゼミの元副ゼミ長であり、坪島さんは二年次秋学期「基礎演習」の履修学生でした。古市君がゼミに所属していた当時の2年間、私のゼミでは、近畿大学、岐阜大学、そして名古屋大学という他大学との知的交流（インカレと合同卒論検討会）を実施していました。みずからは報告担当でないときにも彼は、他大学のゼミ生の研究報告をノートにびっしりと事細かくメモしていた姿を今でもはっきりと記憶しています。一人のゼミ生としての責務と貢献が何であるのかを見定め、皆のために尽力するその誠実な心構えこそは、まさに現在の公務員としてのふるまいそのものであると私は思っています。

坪島さんと私は、本学の図書館報『韋編』（第46号、２０１９年）の特別寄稿「書評と本とわたし」でコラボしたことがあります。坪島さんは、書評専門紙「読書人」の大学生「書評キャンパス」に初めて書評というものを書いて掲載していたからです。彼女は、キャリア支援課の動画「未来発見セミナー」でフォーカスされる学生でもありました。

じつは私自身はここ数年、講義系科目の第1回目でかならず二人の話をすることにしています。二人は公務員や金融系に就職希望の多い本学において、いわば未来のロールモデルになりうる存在であり、現役の学部学生にとっても、二人の学生時代の過ごし方は資するところが多いと考えているからです。同じ大学を卒業した先輩が社会で活躍しているという事実に触れることこそ、大きな刺激になりうるでしょう。

いうまでもなく二人の学生時代の過ごし方は異なり、就職先の業種も違うわけですから、社会人生活の過ごし方、人生の考え方もけっして同じではありません。とはいえ、あらためて二人の学生生活を私なりに整理し直してみると、そこにはしっかりとした「共通点」が浮かび上がってくるのです。それらをここで列挙してみると、

(1) 大学生活に明確な「目的意識」があった。
(2) 授業は休まず出席し、「学業成績」の向上に努力した。
(3) 学部後半の2年間の「ゼミ活動」をしっかり継続した。
(4) ゼミで質の高い「卒業研究（卒論）」を書き上げた。
(5) 大学生活に「資格試験」で付加価値をつけた。
(6) 友人作りや恋愛などで「人間関係」を豊かにした。
(7) 大学生活を満喫すべく、「アルバイト」や「旅行」で見聞を広めた。
(8) 自分自身の進路と将来を真剣に考え、「就活」に取り組んだ。
(9) 就職は「第一志望」を叶え、社会人での日々の仕事に励んでいる。
(10) 大学生活は「自分磨き」の旅であり、挑戦の日々であった。

以上の10点は、どこの大学のどの大学生でも多かれ少なかれ日常の学生生活のなかで実践しているものでしょう。では、10の内容の一つ一つを具体的に想定し、それらを明確に念頭に置きながら学生生活を過ごしている学生の割合ははたしてどれくらいになるでしょうか。10の内容のすべてをクリアして大学を卒業し、社会人になった学生はどれほどいるのでしょうか。重要なことは、学生時代の自分はどこに優先順位を置き、何をめざし、そして実現できたのかをしっかり言語化できることです。

こうした10のいわば「古市・坪島マップ」は、大学を卒業して社会人になって回顧してみたときに初めて分かることなのでしょう。
(1)の明確な「目的意識」をもち、(10)の「自分磨き」の旅に果敢に挑戦することは、それほど簡単なことではありません。坪島さんは、中学・高校時代から続けている長距離で大学時代に初めてフルマラソンを完走し、4年次にはハワイのホノルルマラソンにも挑戦しました。もちろん見事に完走です。社会人になってからも、体力づくりの一環として「走る」ことを常に心がけて生活しているようです。メールで、「塚本先生も10キロ走りましょう」といわれます。なかなか厳しい要望です(笑)。古市君も、学生時代から社会人に交じって野球に熱心に励んでいると聞いていました。二人が社会人になり、仕事面のハードさや逆境に直面しても、それをクリアしていけるのは、学生時代の「真剣な取り組み」があったからにほかなりません。嬉しいことに、「卒論」をゼミでしっかり書き上げたことが、社会人になってから活かされているとも教えてくれます。
学部時代の交流のみであれば、卒業後、二人がどんな社会人生活を過ごしているのか私には分かりません。大学での「学び」がどう活きているのか、いないのかも同様に分かりません。卒業生からの「生の声」を聞くことで、初めて大学生時代の学びの真価を知ることができるのではないでしょうか。そのことを現役の学部学生に私自身が還元し、そこに循環性・継承性のようなものを見いだせればと強く願っています。古市君と坪島さんとは、すでに社会人になってからの交流年数のほうが長くなりました。二人はまだ20代という若い世代です。私自身は、二人をふくむ愛知大学の卒業生から今後も積極的に学んでいきたいと思っているのです。

第1回目の授業でこのような話をした最後に、私は次のように学部学生に伝えています。じつは10ではなく、もうひとつ11番目の内容があると。いうまでもなくそれは、古市君も坪島さんも、卒業後も母校の大学の先生と良好な関係を築きながら今に至っていることです。大学を卒業しても、お互いに「社会人」として人間的交流があるのは素晴らしいことであり、現役学生にはそんな「先生」に大学でぜひ出会ってほしい。同じように「先生」も、そんな「学生」に大学という場所で出会いたいのです。「学生」はいつだって私にとっての「先生」になりうる存在です。この文章を書きながら、私はそうした感慨を深めています。

第五章　経済学の宇宙へ

——岩井克人「欲望の貨幣論」と経済学史

◉最後の章「経済学の宇宙へ」は、「資本主義」や「貨幣」を主要論点とする岩井克人先生（東京大学名誉教授）の経済理論研究の世界を俯瞰しています。岩井理論や岩井「経済学史」の全体像を包括的に語り直すことで、初めてそれらのもつ独自性の所在が浮かび上がってきます。経済学という学問をめぐる岩井先生自身の〈記憶〉と〈記録〉の書が『経済学の宇宙』です。ここから得たきわめて大きな知的高揚感・好奇心こそが、本章の二つの論考を生み出した原動力といえるでしょう。いや、まさにそれらは、本書『いまこそ「経済学の冒険」を語る』の全体を貫き流れているのです。

欲望の貨幣論と人間論が突きつけるもの

「私はこの二冊（――ジョン・メイナード・ケインズの『貨幣論』（1930）と『雇用・利子および貨幣の一般理論』（1936）：塚本補記）を通して、私たちが資本主義社会で毎日当たり前に使っている『貨幣』というものが、いかに不思議な存在であるのかということを知るようになりました。**ただ、それと同時に、この二冊の本においても、なぜ『貨幣』が不思議な存在であるのかは十分には解明されていないとも考えるようになりました。**貨幣の存在がどのようにして資本主義経済を不安定的にするかという問題に関する理論化はなされていますが、**貨幣それ自体の存立構造に関しては、十分な理論化がなされていない。そこに、少しでも自分なりの貢献ができればと思い始めたのです**」（岩井克人「経済学を学ぶことの幸運、日本で経済学を学ぶことの使命」、東京大学経友会『経友』No.206、2022年2月号、37頁、強調は塚本）。*1

1　この文章は、東京大学経済学部創立百周年記念式典講演からのものです。岩井克人『資本主義の中で生きるということ』筑摩書房、2024年、「Ⅵ．時代の中で自分を振り返る」にも、この講演記録が所収されています。同書、312-340頁。

待たれる岩井「経済学史」の単著化

岩井克人＋丸山俊一＋NHK「欲望の資本主義」制作班著『岩井克人「欲望の貨幣論」を語る』（東洋経済新報社、2020年3月、以下『欲望の貨幣論』）は、年始の恒例番組「欲望の資本主義」シリーズの「特別編」として放送された「欲望の貨幣論2019」のインタビューが元原稿になっています。私はすでに一般紙で本書への書評を発表しましたが、[*2]「名著再訪」を念頭に新たな論点を加味し、あらためて論評してみたいと思います。本書刊行後、私は本務校での担当科目の「経済学史」や「社会思想史」など講義系科目を中心に、本書を〈テキスト〉として活用してきました。読み直す機会もおのずと多くなり、岩井先生が説かれる「欲望の貨幣論」を「欲望の貨幣論と人間論」として拡充化して再論してみたいと思うようになりました。ここには、岩井先生が古代ギリシャのアリストテレスによる貨幣と資本主義をめぐる先駆的で根源的な思考を高く評価し、現代のケインズはその再来であるとみなしていることにも大きく関わっています。

いうまでもなく「名著」とは、なんど読み直しても「新たな気づき」がある「深読み」できる作品にほかなりません。広く知られている岩井先生の『貨幣論』（筑摩書房、1993年）の刊行から30年が経つ現在、本書とあわせて『貨幣論』をも読み直す良い機会であると考えました。[*3]

岩井先生はこれまでに「不均衡動学」や「貨幣論」、「資本主義論」、そして「会社・法人論」などの学術書を多数刊行されてきました。それらのすべてが主流派の新古典派経済学への理論的批判を主眼としており、それに代替しうる独自の理論構築をなすものです。くわえていえば、岩井先生は1995年から東大を定年退任される2010年までのあいだ、「経済学史」講義を長

2　書評の初出掲載は「週刊読書人」2020年5月22日号、第3340号3面です。2023年9月5日刊行の拙著『経済学の冒険――ブックレビュー&ガイド100』（読書人）の第1章においても当該書評を所収しています。

3　岩井先生が「貨幣とは何か」という問題について、数学モデルを構築して初めて明確な定式化を与えたのが、「貨幣の進化――貨幣経済学のサーチ理論的基礎」という論文でした（その後、1988年のペンシルベニア大学のディスカッションペーパーになったものです）。こうした一連の貨幣についての研究動向は、岩井先生の『経済学の宇宙』（第五章）をぜひ参照してください。「貨幣」についての岩井先生の数学モデルは、「貨幣交換のサーチ・モデル（search model）」と呼ばれるものです。「貨幣とは何か」（岩井［1990］）で岩井先生は、みずからは貨幣の最も重要な機能はそれが交換手段として使用されることにあると述べられています。のちの本稿で、アリストテレスが見いだした「手段」としての貨幣が「目的」としての貨幣へ転化するという論拠の解説がなされますが、貨幣が「一般的な交換手段」ないしは「交換の一般的媒介」であるからこそ、貨幣そのものを目的化する動因が生み出されるのであり、そこにはいわば貨幣の機能をめぐる不可逆的な因果関係が伏在しているのではないでしょうか。したがってここに、岩井先生が「交換手段」をこそ貨幣の最も重要な機能とみなす理由があると考えられます。『貨幣論』（筑摩書房、1993年、160頁）でケインズの「流動性選好」の特質に論及しながら、岩井先生が次のように述べられている点にも注目しましょう。「貨幣がまさに一般的な交換の媒介でしかないことが（そして一般的な交換の媒介であるかぎりにおいて）、貨幣にその実体性とはまったく独立な流動性という名の有用性のごときものをあたえてしまうことになるのである」。なお「貨幣交換のサーチ・モデル」の簡潔な説明とそこから引き出されうるさまざまなインプリケーションについての興味深い諸考察は、岩井［1990］が大変有益な文献です。

らく担当されてきました（岩井克人『経済学の宇宙』日本経済新聞出版社、2015年、「補遺」を含む文庫版2021年、第八章）。岩井先生は当該科目においても、主流派「経済理論批判」の成果を生かし、標準的な「経済学史」講義のあり方そのものを精査・批判されているのです。

標準的な「経済学史」は、アダム・スミス『国富論』（1776年）の出版によって「科学」としての経済学が誕生し、それ以降の経済学は概して単線的な発展を遂げてきたとみなし、さらにアダム・スミス以前の「重商主義」学説は「科学」としての経済学が確立する以前の「幼稚な経済学的言説」の集まり、かつ「時論的な政策パンフレット」にすぎないものとみなすという二つの「暗黙の前提」が置かれていると、岩井先生は指摘されています。この指摘はひときわ大きな理論的含みをもっています。というのは、まさに岩井「経済学史」の顕著な独自性こそは、アダム・スミス以前のアリストテレスと「重商主義」学説のなかにすでに見いだされうる「貨幣の逆説」、「貨幣の自己循環論法」そして「利潤の差異原理」を救い出すとともに、それらを「経済学史」の中心に据え置くことにあるからです。逆にいえば、「貨幣」と「利潤」をめぐる上記の二つの「基本原理」は、アダム・スミス以降の古典派・新古典派経済学においてみごとに「抹殺」・「抑圧」されてきたことになるのです。本書『欲望の貨幣論』をあらためて読み直す際には、この側面に対する岩井先生の着眼を明確に念頭に置いておく必要があると思います。

岩井先生は、『経済学の宇宙』（第八章）のなかでこう述べておられます。*4「この『経済学史』の講義は、講義ノートをもとにして、いつか一冊の本にまとめてみたいと考えています」。講義ノートが単著化されれば、岩井先生による主流派経済学への理論的批判が「経済学史＝経済学の歴史」としてどのように体系的に総括されうるのか、その全体像をわれわれは知ることができるのは言うまでもありません。そして岩井「経済学史」講義の全体像は、主流派経済学の理論体系がその根源に抱え込む「貨幣の忘却」から脱却し、「貨幣」と貨幣に基礎を置く「資本主義」をめぐる岩井先生の理論的思考の意義を語り直すことが中核をなすはずです。そのことは同時に、学問としての「経済学」は、「貨幣」と「資本主義」を考え抜くものであるという最も基本的な認識に立ち戻る必要性をも説いているのです。そうなのです。本書『欲望の貨幣論』は、現時点でこのテーマについてもっともコンパクトかつ平明に論じ直した最良の一書にほかならないのです（なお本稿では、岩井理論と岩井「経済学史」の独自の特徴と意義をより明確にするために、『欲望の貨幣論』をベースにしながら、それ以外の岩井先生の著書や論考も積極的に参照していくことにしたいと思っています）。

経済学史における「思考」の基本的対立構造——「経済学的思考」と「不均衡動学的思考」

岩井先生による「貨幣」と「資本主義」についての理論的思考を語り直す前に、経済学史にお

4　岩井克人（聞き手＝前田裕之）『経済学の宇宙』日本経済新聞出版社、2015年、448頁。

ける「思考」をめぐる基本的対立構造――「経済学的思考」と「不均衡動学的思考」――について簡潔に触れておくのがよいでしょう。実際のところ、これこそがまさに『欲望の貨幣論』において「二つの資本主義観」として概説されている、「新古典派的な資本主義論」と「不均衡動学派的な資本主義論」にみごとに合致しているからです。

岩井先生が「経済学史」を主題に最初に書かれたのは、『ヴェニスの商人の資本論』（筑摩書房、1985年）に所収されている「『経済学的思考』について」と題された論考でした。岩井先生がここで呼称されている「経済学的思考」とは、「『見えざる手』が純粋に働いた時に達成される状態を経済の『真実』の姿として規定し、われわれが日々経験している現実の経済の動きをそれの『不完全』なる現れとみなすもの」[*5]と定義されています。そしてこの「経済学的思考」の論理的帰結は、「見えざる手」の働きを阻害する「経済外的」要因こそが現実の経済状態に「不完全」なる現れを生み出し、「真実」の姿である均衡状態から乖離させうる、まさに「負」の作用素としてのみ理解される「不純物」にほかならないのです。

アダム・スミスを始祖として、現代のフリードマンらが信奉する「新古典派的な資本主義論」は、「見えざる手」の働きに全面的な信頼を寄せながら、「不純物」を除外し資本主義のグローバルな「純粋化」を究極的に推進させることで、効率性と安定性の同時実現という「理想状態」が達成されると主張するものです。ここでいう「理想状態」は上記の「真実」という言葉に対応しています。しかしながら、こうした新古典派経済学の基本思想の「壮大な実験」としてのグローバル化は、2008年のリーマン・ショックによって「壮大な失敗」に終わったと岩井先生は結論づけます。[*6]

フリードマンらの「新古典派的な資本主義論」をその背後で基礎づけている「経済学的思考」とはまったく対峙し、ヴィクセルの不均衡累積過程理論とケインズの有効需要の理論を「有機的に統合」した岩井先生の『不均衡動学』におけるいわば「不均衡動学的思考」から得られる最も重要な理論的主張のひとつは、資本主義経済においては、効率性と安定性は「二律背反」するというまさに「資本主義の不都合な真実」に直面せざるを得ないということです。本書『欲望の貨幣論』の別の表現でいえば、「自由と安定との二律背反」です。[*7] 資本主義を基礎づけ存立させている「貨幣」こそは人間そのものに「自由」を与えますが、岩井先生はそこからさらに進み、貨幣こそが「もっとも純粋な投機」であるという独自の認識を提示されます。貨幣自体が純粋な投機対象である資本主義社会は、必然的かつ本質的に「不安定性」を内包しており、その現実的帰結が貨幣のバブル（恐慌）や貨幣のパニック（ハイパーインフレ）にほかならないわけです。

5　岩井克人『ヴェニスの商人の資本論』筑摩書房、1985年、152頁。
6　岩井克人他『岩井克人「欲望の貨幣論」を語る』東洋経済新報社、2020年、88頁。
7　同書、25頁。

したがって、本書『欲望の貨幣論』でその最大の先駆者とみなされる重商主義者ジョン・ローから現代のヴィクセルとケインズに引き継がれる「不均衡動学的思考」にもとづく「不均衡動学派的な資本主義論」は、資本主義には「理想状態」など存在しえず、「効率性の増大」は「安定性の減少」に帰結することを説くことになります。逆説的ながら、資本主義がある程度の安定性を備えた経済システムとして存立しているのは、市場の「見えざる手」の働きを阻害するさまざまな「市場の不完全性」としての「不純物」——貨幣賃金の硬直性や政府・中央銀行による規制や諸政策など——があることによってであるという主張を導くことにもなります。[*8] 自己利益追求によらない「公共の利益」を意識的に堅持する政府なり中央銀行の存在こそが資本主義が機能するには絶対的に必要不可欠であり、当初は民間銀行だったイングランド銀行が資本主義経済全体の安定性を確保すべく、時代のなかで自生的に「進化」しながら第二次大戦後に「中央銀行」へと転換したという事実を、岩井先生はとりわけ重要視されているのです。

ケインズ革命に対するフリードマンらの新古典派の反革命は、ヴィクセル・ケインズによる「不均衡動学的思考」を排斥し、「経済学的思考」とそれにもとづく「自由放任主義（的資本主義）」を強化・拡大するものにほかなりませんが、そうした主流派の支配的思考からの「脱却」が現代においていかに困難であるかを「実証」するひとつの試みこそが、みずからの「経済学史」であると岩井先生はいわれます。「自由放任主義」思想は、われわれの想像をこえた強靭な生命力としぶとさをもっているようです。三浦雅士さんとの対談「現代思想としての経済学」（2007年）のなかで、岩井先生が次のように主張されていることを本節の最後で指摘しておきたいと思います。「いま、経済学においては市場経済を神聖視する新古典派経済学……が強いのですが、そういう主流派的な思考とは違う別の思考がある。そして、その別の流れこそが、経済や政治、さらには社会一般に関するほんとうの思考だとぼくは思っています。その代表がケインズです」[*9]。

「貨幣」と「資本主義」をめぐる理論的思考──純粋に「形式的な論理」で動く貨幣と資本主義

1980年代以降の岩井先生による「貨幣」と「資本主義」をめぐる理論的思考から得られるひときわ重要な結論のひとつとして銘記しておかなければならないのは、「貨幣」であれ「資本主義」であれ、それらが純粋に「形式的な論理」によって動いているという理論的認識です（岩

8　たとえばこの点については、岩井先生のかつての論文「マクロ経済学とは何か──市場不均衡とマクロ経済現象──」（鬼塚雄丞・岩井克人編『現代経済学研究──新しい地平を求めて』東京大学出版会、1987年に所収）を参照してください。「ケインズ派」の経済学とジョン・メイナード・ケインズ自身の経済学の違いは、後者が「ヴィクセル」的分析を経由してのこうした逆説的認識を堅持していたことにあると主張されています。

9　岩井克人・三浦雅士「大航海インタビュー　現代思想としての経済学（特集ケインズ／ハイエク）」、『大航海：歴史・文学・思想』新書館編、2007年、86頁。

井克人・三浦雅士『資本主義から市民主義へ』新書館、2006年)。では、それはどのような意味内容をもつ「理論的認識」なのでしょうか。

本書『欲望の貨幣論』(第1章)で、岩井先生は「商品の価値」も「貨幣の価値」も「社会が与える」が、それのみでは「商品」と「貨幣」そのものを根源的に区分しえないとし、さらに考察を進めます。「貨幣の価値は社会が与える」という命題は、マルクス「価値形態論」やメンガー貨幣理論の「到達点であると同時に、その限界点でもある」のです。[*10]

商品の価値は、それをモノとして消費する人間の「欲望」(経済学上の概念では「(限界)効用」)という「実体的な根拠」がその価値を究極的に決定するのに対し、貨幣(おカネ)の価値は、世の中のあらゆる人が「貨幣を貨幣として受け取ってくれる」、すなわち「貨幣とは貨幣であるから貨幣である」という岩井先生のいう「自己循環論法」によってその価値が支えられているのです。[*11] したがって「貨幣の価値」は、「商品の価値」と違って、人間の欲望という実体的な根拠は存在しないのです(上記『資本主義から市民主義へ』で明確に言及されているように、「貨幣の価値」は「他者の欲望」ではなく、無限に続く「欲望の他者性」によって決定されるといってもよいでしょう)。そして岩井先生はこう明言されています。「この『自己循環論法』こそ、貨幣に関するもっとも基本的な真理です」。[*12]

岩井先生が『貨幣論』(筑摩書房、1993年)をつうじて独自に展開された、貨幣の貨幣としての価値を支えている「自己循環論法」理論は、ケインズの「美人コンテスト」理論とまさに同型であり、それはさらに「予想の無限の連鎖」として新たに解釈され直されてもいます（ケインズには「美人コンテスト」理論における「美人」とは、まさに「予想の無限の連鎖」をつうじて、究極的には「美人とは美人であるから美人である」という「自己循環論法」の産物として規定されてしまうからです）。いずれにせよ、それは従来の支配的な貨幣学説である「貨幣商品説」と「貨幣法制説」（および後者に全面的に依拠しているMMT＝現代貨幣理論）をともに退けるものにほかならず、そうした貨幣の「自己循環論法」の理論的な先駆者こそが、重商主義者であり「お尋ね

10 岩井克人他『岩井克人「欲望の貨幣論」を語る』東洋経済新報社、2020年、43頁。
11 岩井先生の「貨幣の自己循環論法理論」からすれば、鋳貨であろうと紙幣であろうと、あるいは現代のエレクトロニック・マネーであれ、「貨幣として社会的に認められていさえすれば貨幣としての機能をはたすことになる」のです。それに続けて岩井先生は同じく『貨幣論』（筑摩書房、1993年、65頁）において、「貨幣という存在はその商品としての価値が希薄になればなるほど貨幣としての純粋性を増していく」とも主張されています。本書『欲望の貨幣論』の冒頭では、「貨幣」の研究を開始したのは1980年代初め頃で、それから40年以上も経ていますが、「その間、私の貨幣論はまったく変わっていません」と述べられています。変わったのはまさに「資本主義社会」のほうであり、岩井先生は「資本主義社会」がみずからの『貨幣論』で描いた理論的な世界にどんどん近づいてきたと主張されてもいるのです。冒頭にある、「現実が理論に追いついた」という事態そのものにわれわれは注視しなければなりません。
12 岩井克人他『岩井克人「欲望の貨幣論」を語る』東洋経済新報社、2020年、47頁。

者」ジョン・ローであったのです。

次は、「資本主義」についての岩井先生の理論的思考です。ジョン・ローと同じく重商主義者のトーマス・マンが、すでに商業資本主義のなかに見いだしていた、地理的・空間的に異なる二つの価値体系のあいだの差異を媒介することで利潤を生み出す、まさに「差異から利潤を生み出す」という原理は、商業資本主義のみに限定しえず、あらゆる資本主義の諸形態に妥当し共通する「資本主義の基本原理（利潤の差異原理）」にほかならないと主張されています（この点についてのより詳細は、『資本主義を語る』講談社、1994年、第1章、『経済学の宇宙』第四章など）。「利潤」というものが永続的に創出されていく資本主義的経済メカニズムを、まさに「資本主義の純粋理論」として構築しようとしたのがシュンペーターでした。

岩井先生によれば、シュンペーターの「イノベーション（革新）」理論こそ、「差異」そのものを意識的に生み出し続けていかねばならない、「産業資本主義」後の「ポスト産業資本主義」の理論であり、ポスト産業資本主義とは「資本主義の基本原理」が最も純粋に貫徹されうるところの「最も純粋な資本主義の形態」にほかならないのです。人間労働（剰余労働）や限界効用・限界生産力といった経済の実体的な根拠から「利潤」の創出を説明してきた新古典派経済学やマルクス経済学と根源的に対峙し、シュンペーター理論とそれを理論的に精緻化した岩井先生の「シュンペーター経済動学」はそうした実体還元主義を棄却し、「利潤」とは「差異」性から生み出されるのであり、そしてまた、その利潤を生み出す「差異」とはなんら実体的な根拠をもたず、絶えず模倣されながらさらに絶えず新たな差異を生み出し続けていくという、いわば無限に続くところのダイナミックな永久運動をなしていることに資本主義論の核心をみるのです。

貨幣によってあらゆるモノの経済的価値は一元化されます。そして、いうまでもなく「利潤」は「収入－費用」であり、収入と費用は「足し算」によって算出され、前者から後者を「引き算」すれば「利潤」が算出できます。ということは、「資本主義とは、まさに『足し算』と『引き算』だけで動いているシステム」[13]なのであり、この最も単純な算術のみを行動原理として動く資本主義は、だからこそ「普遍的な」システムであり、それは必然的に「グローバル化」することになると説かれることにもなります。

以上の概観からすでにあきらかでしょう。資本主義を基礎づけている貨幣というものの価値は貨幣の「自己循環論法」に支えられており、他方でまた、資本主義における利潤の源泉は「差異性」であり、「差異が利潤を生み出す」わけです。繰り返しになりますが、岩井先生によれば、前者は「貨幣に関するもっとも基本的な真理」であり、後者もまた「資本主義の基本原理」にして、資本主義そのものを支え規定している「普遍的な原理」とみなされています。いずれもが、人間

13　同書、157頁。

の欲望のような実体的な根拠（実体還元主義）にけっして依拠せず、それとはいわば独立に、貨幣も資本主義も純粋に「形式的な論理」によって動いていることになります。

こうした岩井先生の貨幣論と資本主義論の独自性はきわめて大きな意義と射程をもっていますが、では、これと『欲望の貨幣論』という本書の表題とはどう関連しているのでしょうか。私は本書を『欲望の貨幣論と人間論』として拡充的に捉え直してみたいと冒頭で述べています。ここでは次のようにだけ記しておきます。それ自体は人間の欲望のような実体的な根拠に依存することなく、純粋に「形式的な論理」で動いている貨幣と資本主義そのものが、実際のところ、貨幣とそれに基礎を置く資本主義というものに対する人間の「実体的な欲望」の根源的構造の転換――人間の貨幣への「無限の欲望」とそれに突き動かされた「貨幣の無限の増殖」としての資本主義――を生み出すことになり、さらに、貨幣と資本主義の「形式的な論理」の普遍化と現代のグローバル化のなかで、人間の「実体的な欲望」はいっそう増殖させられているということです。いうまでもなくこうした世界では、古典派・新古典派が中核に据えた「古典派の二分法」と「セイ法則」は完全に破綻しており、まさに「自由と安定との二律背反」が色濃く厳然と支配しています。20世紀のケインズは、こうした問題群に真正面から挑んだ経済学者でした。岩井先生が『欲望の貨幣論』において、「この40年間、貨幣に関して考えれば考えるほど、その偉大さが見えてくるようになりました[*14]」という人物こそがアリストテレスなのです。

アリストテレス「欲望の貨幣論と人間論」を語る

アダム・スミスによる「科学」としての経済学の誕生以降、現代の主流派経済学がいまなお抱え続けている大きな理論的難問は「貨幣の忘却」であり、それはおのずと「人間の忘却」にも帰結しうるでしょう。逆にいえば、「科学」としての経済学は、「貨幣の忘却」と「人間の忘却」という対価のうえに成り立っているにすぎないのです。この「貨幣」と「人間」を有機的につなぐキーワードのひとつこそが「欲望」であり、アリストテレスの「欲望の貨幣論と人間論」は、現代のグローバル化された「欲望の資本主義」に最も先鋭的な形で突き付けられている困難の所在を最初に洞察するものでもあったのです。では、なぜ古代人のアリストテレスにそうした「思考」が可能だったのでしょうか。

リチャード・シーフォードというイギリスの古典学者による研究成果に大きな触発を受けた岩井先生は、古代人のアリストテレスが「貨幣」と「資本主義」について最初に深く思考することができ、さらにそれらが最も根源的な思考ですらあったのは、紀元前6世紀以降のギリシャ社会がまさに全面的に「貨幣化」された「近代社会」であったからだと強調されています。『欲望の貨幣論』終章の第4章（や『経済学の宇宙』第八章）を読み直すと、岩井「経済学史」の出発点にアリストテ

14　同書、66頁。

レスの「貨幣」と「資本主義」をめぐる思考が据え置かれていることの意味がよく理解できます。

(1)「ポリスの思想家」から「貨幣」と「資本主義」の思想家へ

アリストテレスは、「他者とともに善く生きる」という目的を最高度に実現しうる「最高の共同体」であるポリスについて思考した「ポリスの思想家」でした。その思考の帰結は、自然(本性)によって「言語」を与えられている「人間は自然(本性)によってポリス的動物である」という、人文社会科学のなかで最も有名な言葉のひとつとして集約されています。「ポリスの思想家」であったアリストテレスが最も深くポリスについて考え抜いたことによって、彼が「ポリスの思想家」を超えて「貨幣の思想家」、さらには「資本主義の思想家」にもなったこと、このことにこそアリストテレスの〈真の偉大さ〉があるのだと岩井先生は主張されています。そしてその「真の偉大さ」は、21世紀という現代のグローバル化された資本主義のなかでよりいっそう大きな輝きを放つことになるのです。

アリストテレスによれば、「最高の共同体」であるポリスでは、「必然的に〈貨幣〉の使用が工夫されるに至った」[*15]わけですが、それは現代経済学の表現でいうならば、物々交換にともなう「欲求の二重の一致」を解消する「一般的交換手段」であり、あらゆるモノやサービスの価値を通約可能とする「価値尺度機能」をもつ「貨幣」が必要不可欠となることを意味しています。しかしながら、ただ単に交換手段や価値尺度という観点からの貨幣把握のみであれば、現代の主流派経済学のテキスト内容となんら変わりません。「他者とともに善く生きる」ポリスの存立と維持のために、いまや必要不可欠な「手段（媒介物）」となった貨幣による交換が拡大化していくと、その「手段」は次第に「貨幣それ自体を目的とする」事態（貨幣それ自体の蓄積）へと逆転するようになり、それは「商人術」という「貨幣が交換の出発点であり、終極目的でもある」経済活動に必然的かつ不可逆的に帰結していくことになるとアリストテレスは説くのです。アリストテレスのいうところの「商人術」とはまさに「資本主義」であり、その「資本主義」とは「貨幣の無限の増殖」を求める経済活動にほかなりません。彼の「貨幣」への思考が「資本主義」への思考ともなったのです。

こうしたアリストテレスの「思考」において、ひときわ興味深く重要視しなければならない論点は、「手段」としての貨幣が「目的」としての貨幣へと転換するその契機をめぐる、いわば「欲望の人間論」です。その契機に関わって、アリストテレスの思考をふまえて岩井先生はこう述べておられます。「人間とは『可能性』それ自体を『欲望する』ことができる存在であるからです[*16]」。すなわち貨幣こそはこの世に存在する（そしてまたこれから将来においてこの世に存在すること

15　同書、127頁。
16　同書、134頁。

になるであろう）あらゆるモノやサービスを入手できる「可能性」を人間に与えてくれる存在なのであり、上記を敷衍していえば、その「可能性」というものを、「あたかもそれ自体が一つのモノであるかのように欲望することができる存在」こそが人間であり、「それは人間だけに可能な『欲望』なのです」[*17]。さらに人間は、貨幣に対してまさに「無限の欲望」をもってしまう存在ですらあるのです。アリストテレスは「貨幣」をめぐる思考とともに、「欲望の人間論」をめぐる最も本質的で根源的な特質と構造をすでにはっきりと見抜いていたのです。

アリストテレスによるこうした透徹した洞察が、モノへの欲望の否定としての貨幣への積極的欲望を強調した20世紀のケインズによる「流動性選好」という概念に合致していることはあきらかでしょう。それは貨幣と実体の二分法という伝統的思考様式（古典派の二分法）を棄却するものでもあります（岩井先生は別の論考で、「流動性」としての貨幣に対して新古典派的な「選好」という表現を与えたケインズの「流動性選好」という概念には、ケインズ自身の大きな「悪意」があるとも指摘されています）[*18]。モノとしてはほとんどなんの価値もない、いわば「無」としての貨幣が、逆説的ながら、あらゆるモノやサービスを入手できる「可能性」を人間に与えることによって、人間は単なる交換のための手段・媒介であり、他のモノの価値表示をするにすぎない貨幣に対して「無限の欲望」をもつことになり、それこそが「貨幣の無限の増殖」を求める資本主義を生み出しているのです。資本主義社会においては、「貨幣（おカネ）とそれ以外のモノ」とのあいだの関係とともに、「ヒトとモノ」との関係が重要であると岩井先生はいわれます[*19]。貨幣論やその後の会社・法人論での研究をふまえての認識ですが、こうしてみると、アリストテレスや現代のケインズは、「貨幣（おカネ）と人間（ヒト）」（そして両者を媒介する「欲望」）との関係に鋭く着眼しながら深い思考を重ねたといえるのではないでしょうか。

（2）アリストテレス「貨幣の逆説」とケインズ「合理性の逆説」

岩井先生が「人類史上最大の発見の一つだと思っています[*20]」と強調されているのが、アリストテレスが見いだした「貨幣の逆説」です。

ポリスの存立と維持の可能性のために「貨幣」は必要不可欠であるとアリストテレスは説きましたが、その「貨幣」それ自体がポリスそれ自体を崩壊させる可能性があるというのです。「貨幣」の存在こそが「貨幣の無限の増殖」を求める「資本主義」をポリスの内部に必然的に生み出

17　同書、134頁。
18　ケインズ学会編、平井俊顕監修『危機の中で〈ケインズ〉から学ぶ――資本主義とヴィジョンの再生を目指して――』作品社、2011年、96頁。
19　岩井克人「経済学を学ぶことの幸運、日本で経済学を学ぶことの使命」、東京大学経友会『経友』No.206、2022年2月号、52頁。
20　岩井克人他『岩井克人「欲望の貨幣論」を語る』東洋経済新報社、2020年、142頁。

し、さらにそのことは、ポリスと資本主義という全面的に対立しあうはずの二つのシステムのあいだに「不可逆的」かつ「逆説的」な相互依存関係をも生み出すことに帰結しうるからです。古代ギリシャのアリストテレスによるこうした「貨幣の逆説」は、実際のところ、現代のケインズの経済学とそれを新たに再構築した岩井先生の「不均衡動学」から得られる最も重要な理論的テーゼのひとつである、「効率性と安定性の二律背反」ないしは「自由と安定との二律背反」の先駆をなすものです。だがそれと同時に、その人類史的意義・射程はけっしてそのことにとどまるものではありません。

その理由を考えてみる際に有益だと思われるのが、『欲望の貨幣論』第2章で言及されている「合理性の逆説」というテーゼとの比較です。フリードマンが主張したように、個々の投機家らの非合理性によって市場が不安定になるのではなく、それとは全く反対に、ケインズが提起した「美人コンテスト」投機理論が的確に把握したように、「個人の合理性の追求が社会全体の非合理性を生み出してしまう」[*21]のであり、したがってまさに「市場には本来的に不安定性がつきまとうことを主張する理論」[*22]がここでいう「合理性の逆説」にほかならないのです。いうまでもなくそれは、フリードマンとその始祖であるアダム・スミスによる「見えざる手」の思想と「真っ向から対立する理論」[*23]でもあります。「見えざる手」の理論が想定する予定調和的な世界でも「ヴィクセル的な不均衡累積過程」の理論が支配する全面的に不安定的な世界でもなく、「絶望する理由も満足する理由もないような中途半端な状態」こそが、資本主義経済という「われわれの経済に割り当てられた通常の運命なのだ」とケインズは主張しているわけですが（引用は『経済学の宇宙』第三章、132頁）、こうしたケインズ自身の主張を支えているところの「効率性と安定性の二律背反」ないしは「自由と安定との二律背反」という理論的認識を、アリストテレスの「貨幣の逆説」はよりいっそう鋭くかつ深く推し進めるものだと考えられるのです。

あえて簡潔に述べるならば、ケインズの「合理性の逆説」は、あくまで人間の「合理性の追求」が「市場の不安定性」を増大させることを説くテーゼであるのに対して、アリストテレスのいう「貨幣の逆説」は、人間による「貨幣の無限の追求」がその貨幣によって存立する可能性をもつ「ポリスの崩壊」という可能性、そして現代のグローバル化した世界史的な文脈でいえば、貨幣によって存立する可能性をもつ「資本主義それ自体の崩壊」という可能性を引き起こしてしまうことを説くテーゼだからです。アダム・スミスとそれ以降の古典派・新古典派経済学が、貨幣についての思考を「忘却」するものであったことはすでに言及しておきました。ケインズは「貨幣の忘却」から脱却する経済理論を構築し、その経済理論は明確に「貨幣の思考」を復活させるもの

21　同書、98頁。
22　同書、98頁。
23　同書、98頁。

でした。人類があらためて再発見しなければならないのが「貨幣の逆説」であり、岩井先生がそれを「人類史上最大の発見の一つだと思っています」と宣言されるのは、「貨幣の逆説」が実際のところ、人類史上「一度も解決されたことがない」からではないでしょうか。「貨幣」と「資本主義」をめぐるアリストテレスのもっとも根源的な思考とは、もっとも解決困難な思考を発見するものでもあり、その「解決」のためには、「経済学」という範疇はゆうに超えているのです。

(3) 人類は「貨幣」と「資本主義」にどう対峙すべきか

私はすでに発表された本書『欲望の貨幣論』への「書評」に、「貨幣をめぐる経済思想史を凝縮」というメインタイトルを付けておきました。実際のところ本書からは、「貨幣」というもの、そして「貨幣」に基礎を置く「資本主義」というものについての多くの理論的思考とそれに対する岩井先生の批判的思考を学ぶことができます。「貨幣」についての思考は、大きく四つに区分することができると思います(なおすでに概説されたように、「資本主義」については、「新古典派的な資本主義論」と「不均衡動学派的な資本主義論」という二つの対立概念に区分されています)。

①貨幣の忘却……アダム・スミスは、重商主義者が見いだしていた貨幣についての思考、そしてジョン・ローが先駆的に見いだしていた「貨幣の自己循環論法」を抑圧した。こうした「貨幣の

忘却・抑圧」にもとづくスミスの「見えざる手」の理論は自然法思想を信奉するものであり、それを中核に据え置くスミス以降の古典派・新古典派経済学は、その論理的帰結として、自由放任主義的な経済理論を生み出すことになった。アダム・スミスの自由放任主義思想はミルトン・フリードマンやハイエクらによって現代的に復活されたが、自由放任主義は理論的な誤謬である。

②貨幣の廃絶……カール・マルクスは、「貨幣はレヴェラーズ（平等派）」であるという正鵠を射る貨幣の見方を提示した。貨幣についてのこの見方は、貨幣が人間に「匿名性」を与えるとともに、近代以前の共同体的束縛から人間を切り離し、その意味でまさに近代社会における人間の「自由」に基礎を与えていることをも明確に指示している。マルクスは究極的には「貨幣の廃絶」をめざす社会主義社会を標榜していたが、価値形態論の展開をつうじて、その意図に反して「貨幣の必然性」を証明してしまうことになった。それはマルクスに関する最大の逆説をなすものである。

③貨幣の競争……フリードリッヒ・ハイエクは、『貨幣発行自由化論』において、国家や中央銀行による貨幣発行の独占化を批判し、民間企業による貨幣発行の自由競争を推進させることを提起した。「分散化」された仮想通貨ビットコインはこうしたハイエク理論にもとづいている。だが自由放任主義的なビットコイン資本主義では、貨幣こそが純粋投機の究極形態であることから必然的に生じうる貨幣のバブルやパニックを回避し、私的な利潤動機ではなく公共的な観点から資本主義社会全体の安定性のために機能する経済主体がまったく存在しないので、それは不可能で

ある。

④貨幣の逆説……すでに詳述されたように、古代ギリシャのアリストテレスは、ポリスの存立を可能にする貨幣それ自体が、ポリスそれ自体を崩壊させる可能性を生み出してしまうという貨幣についての根源的で不可逆的な「貨幣の逆説」を発見していた。こうした「貨幣の逆説」がグローバルな規模で再発見されつつあるのは、資本主義の存立を可能にする貨幣それ自体が資本主義それ自体を崩壊させる可能性を生み出してしまうことである。アリストテレスの「貨幣の逆説」は、市場の不安定性を説くケインズの「合理性の逆説」以上に、より深く大きな人類史的意義をもつ。

岩井先生はアダム・スミスやマルクス、ハイエクらによる経済学の歴史における理論的貢献やみずからへの知的影響力をはっきりと認めながらも、とりわけ「貨幣の忘却」、「貨幣の廃絶」そして「貨幣の競争」についての彼らの主張をすべて棄却し、「貨幣の逆説」と「合理性の逆説」を見いだしたアリストテレス、ケインズ両者の「思考」をこそ高く評価し、そして継承しなければならないという立場であること、この点だけはあらためて確認しておくのがよいでしょう。次の二つの文章は上記の内容を端的に表明しているのです。「自由放任主義者も社会主義者も、ともに貨幣に関して十分に思考しなかった」のであり、「自由と安定とが二律背反の関係にあるということの認識は、現在、ますます重要になっています」。*24

アリストテレスが発見した「貨幣の逆説」をふまえながら、はたして人類は「貨幣」と「資本主義」にどう対峙していけばよいでしょうか。岩井先生の理論的思考から最初に学ばなければならないのは、「貨幣」と「資本主義」というものがいったいどういうものであり、それらはどう動いているのかを「正しく理解する」ということです。「貨幣の自己循環論法」と「利潤の差異原理」に対して、岩井先生はそれら各々が貨幣に関する「もっとも基本的な真理」であり、資本主義に関する「基本原理」と呼称し、位置づけられていたことをあらためて想起する必要があります。さらに貨幣にせよ資本主義にせよ、それらは純粋に「形式的な論理」で動いており、そのグローバルな「普遍化」がいっそう深化してきている以上、それらに対抗する原理もまた「普遍性」をもったものでなければならないのです。岩井先生は、純粋に「形式的な論理」に対抗できるのは、唯一、純粋に「形式的な倫理」としてのイマヌエル・カントの道徳律のみであると主張されています。岩井先生の貨幣論・資本主義論との理論的整合性はもちろんのこと、さらにそこでの倫理論と人間論はその理論的水準のいわば同格的なものが要請されているのではないかと考えられます。三浦雅士さんとの対談集『資本主義から市民主義へ』（新書館、２００６年）は、「貨幣論」からはじまり「人間論」でおわっているのも示唆的に感じられます。

24　同書、24－25頁。

以上でみてきたような重要論点について、本書『欲望の貨幣論』においては最後に簡潔に言及されるにとどまっていますが、資本主義経済における「会社・法人論」研究からさらに「信任関係」論の研究へと到達するなかで、岩井先生はアリストテレスの「他者との関係における善」をよりよく実現しうる信任関係論に基礎を置く「倫理的な資本主義」の再構築をめざされているのです。経済学の領域をゆうに超えて、経済学と法学と倫理学との有機的接合を深く思考する岩井先生の学問は、「貨幣の逆説」に普遍的に対抗すべく、まさに人類史的な挑戦にほかならないのです。

「経済学史」は何を語り直すべきか

経済学史は、経済学の「歴史的な発展」や競合する経済諸学派の「多様な関係」をあきらかにすることだけを目的としているわけではありません。本書『欲望の貨幣論』、そして『経済学の宇宙』の再読からあらためて何がいえるでしょうか。「経済学史」は何を語り直すべきでしょうか。

一つは、何度も論じてきたように、学問としての経済学と経済学史において、「貨幣」と「資本主義」が最も重要な論点であり、それらについての理論的思考こそが、むしろ経済学や経済学史のあり方そのものを規定することになるということです。またその「理論的思考」というものは、既存の経済学（史）の全体において、「貨幣」と「資本主義」がどのように理解され、位置づけられてきたのかをめぐるいわば「経済学の宇宙」への批判的思考をも含むものでなければなりません。岩井理論にもとづく岩井「経済学史」こそは、そうした「批判的思考」のひときわ重要な試みの一環をなしているのです。理論家による「経済学史」の特筆すべき独自性といえます。すでに述べておいたように、近代経済学にせよマルクス経済学にせよ、既存の経済学史の方法が共通して抱える「二つの前提」を踏襲し続ける限りにおいて、経済学史という専門分野の衰退とともに、いわゆる「経済学史否定論」には立ち向かうことはできないと岩井先生は主張されています。岩井「経済学史」こそはそうした「前提」から脱却し、既存の経済学史の方法を「相対化」させ、「経済学史否定論」を「経済学史積極論」へと転換させうる、経済学史の新たなあり方を提示するものなのです。

二つめは、上記にある「批判的思考」という論点と密接に関連していますが、経済学（史）における「思考」の基本的な対立構造を析出・抽出することで、批判される側の「思考」の特質とその誤謬性をより厳密に明確化する必要性があるということです。岩井先生の場合、「経済学的思考」に対して「不均衡動学的思考」が対峙され、「貨幣の忘却」に対して「貨幣の逆説」が対峙されており、さらには、実体還元主義にもとづく「貨幣商品説」と「貨幣法制説」、「新古典派的な資本主義論」と「マルクス派資本主義論」およびその「利潤論」に対して、純粋に「形式的な論理」で動く貨幣と資本主義についての「もっとも基本的な真理・原理」である「貨幣の自己循環論法」と「利潤の差異原理」、そして「不均衡動学派的な資本主義論」を対置させる、というようにです。ケインズの経済学と岩井先生の「不均衡動学」が導きだした理論的テーゼ「自由と安定との二律背反」と「効率性と安定性の二律背反」の重要性を理解し損ねた、自由放任主義と社会主義という両極端に位置するイデオロギーが21世紀において棄却されていることはいうまでもありません。それらの問題は同根なのです。

岩井先生の『経済学の宇宙』には、アリストテレスと重商主義学説について、次のような注目すべき文章が記載されています。貨幣と資本主義についての最初の思想家となったアリストテレスについて、「あえて『最初』という形容詞を使ったのは、アリストテレスが貨幣に関して最終的な解答を与えたのでも、資本主義についての究極の理論を打ち出したのでもないことを、強調しておくためでした」[*25]。そしてアリストテレスが未解決のまま残していた、資本主義における「貨幣の価値」と「利潤の創出」をめぐる二つの問題が、実際のところ、「1776年にアダム・スミスが『国富論』を出版するはるか以前に、理論的な解決が与えられていたこと」を、岩井先生はあらためて「発見」されるわけです。もちろん、アダム・スミスに先立って「理論的な解決」を与えていたのが「重商主義者」です。「貨幣の価値」についてはジョン・ローが、「利潤の創出」についてはトーマス・マンという重商主義学説のなかにその「理論的な解決」が見いだされうるのであり、それらは「貨幣の自己循環論法」と「利潤の差異原理」として岩井先生自身の研究によって、さらにいっそう理論的に精緻化されています。岩井先生のケインズ・シュンペーター研究は、まさにこうした理論問題に対する「新たな精緻化・定式化」のために「読み直される」のであり、ここにもまた、岩井先生による「批判的思考」とそれをふまえた新たな「理論的解決」にもとづく経済学史という顕著な独自性があると思います。

最後の三つめは、標準的な経済学史の領域をこえうる内容であり、岩井先生による「経済学史」講義プロットの「終章」が、「貨幣・法・言語と人間」とされていることに主に関わっています。「言語・法・貨幣論」は岩井先生が新たに再構築されようとしている「第三の科学」としての「人間科学」の中核をなすものであり、「言語・法・貨幣」こそは、まさに自己循環論法の産物によって成り立っている「社会的な媒介」にほかなりません。岩井先生は『経済学の宇宙』で次のように述べておられます。「言語と法と貨幣とは、……人間社会に支えられながら、同時に人間社会を支える実在という二重の意味で、社会的な実在であるのです[26]」。では、なぜ最後の「終章」において、それまでの講義内容とはやや異なる印象を与える「貨幣・法・言語と人間」というテーマが設定されているのでしょうか。

しかし上記で述べられたように、経済学における「思考」の基本的な対立構造からみれば、その

25　岩井克人（聞き手＝前田裕之）『経済学の宇宙』日本経済新聞出版社、２０１５年、４２４頁。
26　同書、４７０頁。

ことはむしろ必然的ですらあるといえるのではないでしょうか。「貨幣・法・言語と人間」は、より簡潔にいえば「媒介と人間」です。たとえば貨幣は、まさに人間と人間のあいだの交換関係を形成しうる社会的な「媒介」であり、その「貨幣」という「媒介の忘却」というアダム・スミス以降の主流派経済学における理論的思考の欠陥は、おのずと「人間の忘却」に帰結しうることになります。貨幣という媒介が、貨幣のパニックというハイパーインフレによってその価値が崩壊することになれば、そのことは同時に人間社会の崩壊そのものなのです。『貨幣論』でも次のように述べられています。「ハイパー・インフレーションとは、……貨幣の存立構造を危機におとしいれ、その貨幣の媒介によって維持されている商品世界そのものを解体させてしまう事態なのである」[*27]。

一つめの指摘に立ち戻っていえば、学問としての経済学は、「貨幣」とそれに基礎づけられた「資本主義」によって規定されうる存在です。貨幣という社会的な実在である「媒介」を思考することこそ、経済学の最も重要な目的と使命のひとつといえるはずです。それゆえ経済学史は、既存の経済学における「思考」のあり方を総合的かつ内在的に解剖する役割を担っており、その意味でも、「終章」をなす「貨幣・法・言語と人間」というテーマこそは、じつは「終章」というよりは岩井「経済学史」講義の全体をつらぬき、そのあり方そのものを規定する「起点」なのです。『資本主義から市民主義へ』における岩井先生の主張が参考になるでしょう。「ぼくがずっと貨幣や法や資本主義について考えたり論じたりしていることのいちばん究極の動機というのは、社会科学、もっと広くいえば人間科学というとき、なぜそこに科学という名称がつくのかということを明らかにしたいということです。なぜ人間科学は科学であるのかということです[*28]」。

最後に、次のような岩井先生による理論的思考のエッセンスを再論して本稿を締めくくりたいと思います。「貨幣」とは、有限なモノやサービスの効率的な配分問題を扱う伝統的な経済学における有限世界の論理を超越した、まさに「無限世界の論理」に従う存在であり、ジョージ・ガモフの著書にならっていえば、「無限世界のお客」にほかなりません。貨幣についてのこうした基本認識は、岩井先生による貨幣の「自己循環論法」を、「予想の無限の連鎖」として新たに再解釈したときの思考の源泉です。「おカネのおカネとしての価値」は必ず「おカネのモノとしての価値」を上回っていることにより（岩井先生は『欲望の貨幣論』第1章で、これをおカネについての「基本定理」とよばれています）、いわば「無」から「有」を生み出す魔訶不思議な存在として、「貨幣」は語り直されているのです。

さらに「貨幣」そのものがまさに「純粋投機」の究極形態であることによって、資本主義は根源

27 岩井克人『貨幣論』筑摩書房、1993年、214頁。
28 岩井克人＋三浦雅士『資本主義から市民主義へ』新書館、2006年、164頁。

的で必然的な「不安定性」を内包する社会機構なのです。[*29] また資本主義は、「差異性」からしか利潤を生み出しえないのであり、最も単純な算術という行動原理にのみしたがう資本主義は、グローバルな「普遍性（多元的普遍性）」をもつ社会機構でもあるのです。そしてさらに、資本主義における「法人（会社）」が、ヒトとモノとの両面をもつ「二階建て構造」論をなしている理論的帰結として、資本主義は、まさに本質的な「多様性」をももつ社会機構にほかならないということです。

貨幣というものを中核に据え置くことで存立しうる資本主義は、こうした「不安定性」と「差異性」と「普遍性（多元的普遍性）」と「多様性」という各々の特質のダイナミックな絡み合いのなかで存立しており、岩井先生がつねに強調されているように、この世における魔訶不思議な存在である「貨幣」と「法人（会社）」同様に、「資本主義」もまた、逆説的できわめて不思議な魅力をもっているのではないでしょうか。本書『欲望の貨幣論』や『経済学の宇宙』をじっくり読み直してみたとき、語り直された岩井先生の長年の理論的思考から、そう私は強く感じます。経済学という学問の面白さと難しさと深さと、そして凄さといっしょに、です。

これからも岩井先生の本書『欲望の貨幣論』は、私の担当科目の〈テキスト〉として活用し続けていきたいと思っています。本稿が本書に触れることになる大学生に何らかの指針を与えうることを願っています。

29　じつは、貨幣が貨幣としての価値を支え続けている存立構造そのものが、岩井先生が『貨幣論』でいわれているように、きわめて不安定な「危うい円環」にほかならないのです。「貨幣が今まで貨幣として使われてきたという事実そのものが、貨幣が無限の未来まで使われつづけるというひとびとの期待のとりあえずの根拠となっている」（同書、190頁）からです。貨幣の自己循環論法にもとづく岩井先生のこうした貨幣観は、ケインズのコンヴェンション理論と大きな親近性をもっているといえるでしょう。

【主要参照文献】

岩井克人［1985］『ヴェニスの商人の資本論』筑摩書房。

岩井克人［1987］『不均衡動学の理論』岩波書店。

岩井克人［1990］「貨幣とは何か」『経済集志』（日本大学経済研究会）、59巻第4号、1－13（353－365）頁。

岩井克人［1993］『貨幣論』筑摩書房。

岩井克人［1994］『資本主義を語る』講談社。

岩井克人［2000］『二十一世紀の資本主義論』筑摩書房。

岩井克人［2003］『会社はこれからどうなるのか』平凡社。

岩井克人・三浦雅士［2006］『資本主義から市民主義へ』新書館。

岩井克人［2009］『会社はこれからどうなるのか』平凡社ライブラリー。

岩井克人（聞き手＝前田裕之）［2015］『経済学の宇宙』日本経済新聞出版社。

岩井克人＋丸山俊一＋NHK「欲望の資本主義」制作班［2020］『岩井克人「欲望の貨幣論」を語る』東洋経済新報社。

岩井克人（聞き手＝前田裕之）［2021］『経済学の宇宙』（日経ビジネス人文庫）日経BP・日本経済新聞出版本部。

塚本恭章［2023］『経済学の冒険——ブックレビュー&ガイド100』読書人。

岩井「経済学の宇宙」に惹かれて

研究テーマの包括的リニューアル

私が「書評」する機会を得た最初の岩井克人先生の著書は、２０１５年４月に日本経済新聞出版社から刊行された『経済学の宇宙』でした（書評は、「週刊読書人」２０１５年６月５日、第３０９２号７面に掲載。その後、「『不均衡動学』の現代版に挑む」という補遺を所収した文庫版が２０２１年８月に刊行）。

本書『経済学の宇宙』は岩井先生の学問的自伝ですが、そこには「解くべき問題」を常に見いだしながらその解決のために「思考し続ける」経済学者の真摯な姿があり、「宇宙」という本書の名称がけっして誇張ではないほどの内容上の豊かな拡がりと深みをもっています。かつてのエール大学の同僚で、ノーベル経済学賞のジェームズ・トービンが、「カツ、おまえの仕事は、時代を二十年先駆けている」と告げたとの記載が第三章にありますが、このトービンの言葉は、まさに『経済学の宇宙』にもあてはまるのではないでしょうか。本稿は、『経済学の宇宙』に主としてもとづきながら、岩井経済学のなかの〈基本テーゼ〉を再論する試みです。

エール大学、東京大学、ＩＣＵ国際基督教大学などでの研究・教育活動をつうじて、岩井先生は、経済学、法学、倫理学の学際的諸分野を越境しながら、きわめて多くの「理論問題」と格闘されてきました。

とりわけ『経済学の宇宙』刊行後の観点でいえば、①「不均衡動学」の現代版、②「会社・法人論」の拡充・精緻化、③「言語・法・貨幣」論と脳科学をふまえた人間科学の再構築、が主要な研究テーマになっているようです。これらを時系列的にみると、「不均衡動学」は20代から30代にかけて、「会社・法人論」は40代以降、「言語・法・貨幣」論と人間科学は50代後半というように、70代における現在の研究テーマこそは、まさに研究者キャリアの初期・中期・後期にかけてみずからが構築してきた独自の理論体系の全体をいわば集大成的にリニューアルしようとするものであり、岩井先生は今なお究極的に再考し続けておられます。

岩井先生が生涯をかけて挑んでいる研究テーマの背景には、『ヴェニスの商人の資本論』や『二十一世紀の資本主義論』(ともに筑摩書房、1985年、2000年)といった岩井先生の代表作が示唆しているように、「資本主義」論への大きな知的関心が明確に浮かび上がっていることはいうまでもありません。「学者とは、解かなければならない学問的な問題に従属している存在」なのであり、さらに「一つの問題を解くと、そこから次に解かなければならない問題が新たに生まれてしまいます」(『経済学の宇宙』第一章)。岩井経済学における岩井「経済学史」講義のあり方を正確に理解しようとするとき、当該文章が〈導きの糸〉になるのです。

岩井経済学のなかの原理・思考・命題

（1）資本主義の基本原理

岩井先生は「資本主義」についての基本原理を確立されていますが、それは「資本主義の純粋理論が明らかにならなければ、資本主義の多様な形態を理解することはできない」からです（『経済学の宇宙』第四章）。

ここでの「資本主義の純粋理論」とは、資本主義という社会経済システムにおいて「市場の不完全性」に依拠せず、「利潤」が永続的に創出されていく可能性を示しうる理論体系のことです。岩井先生は、シュンペーターの「革新＝イノベーション」理論こそ「資本主義の純粋理論」をなすものであり、そのビジョンを「シュンペーター経済動学」として数学的に厳密に定式化し、そこから「差異が利潤を生み出す」という資本主義の基本原理を提唱されました。これこそが、商業資本主義、産業資本主義、ポスト産業資本主義という資本主義の「多様な形態」に普遍的に妥当する「基本原理」にほかなりません。異なる地理的・物理的空間（市場と市場のあいだ）の価格の差異を媒介として利潤を生み出しているのが商業資本主義であり、労働生産性と実質賃金率とのあいだのマクロ的な差異を媒介として利潤を生み出しているのが産業資本主義なのです。とりわけ〈差異〉というものを意識的に創造しなければならない現代のポスト産業資本主義は、「資本主義の基本原理」としての「利潤の差異原理」を実践的に貫徹せざるをえない最も純粋な資本主義の形態をなし、シュンペーターの革新理論はまさに彼が生きてきた産業資本主義の時代をこえて、ポスト産業資本主義の本質的特徴をきわめて正確に捉えています。岩井先生のいう〈差異〉とはなんら実体的根拠をもたない、この点がとくに重要です。

新古典派は、消費財の限界効用や資本財の限界生産性という経済の実体的要因から利潤現象を説明しようとしますが、その代表であるワルラス一般均衡理論は長期均衡で利潤ゼロの「無利潤論」であり、理論体系そのものは「資本主義の抑圧ないし捨象」といってもよい。シュンペーターはマルクスの論理構造をマルクス以上に理解し、ワルラス理論を解毒剤としてマルクス理論に内在する実体的根拠を葬り去ろうとしており、だからこそ岩井先生は「遅れてきたマルクス」（1983年）において、「シュンペーターの『革新』とは、マルクスにとっての『特別なる』この剰余価値の形態を、資本主義社会における剰余価値のいわば『一般的』形態にまで引き上げたことにある」と強調されるのです。資本主義の「利潤」の源泉を人間の実体的な剰余労働にもとづく剰余価値に見いだすマルクス経済学の論理的帰結は「資本主義の廃絶」としての社会主義の標榜です。「利潤の差異原理」を抹殺し、実体還元主義から利潤を説明する新古典派や古典派・マルクスの経済学は、じつはともに共通の思考枠組みのなかの二つの理論バリエーションにほかならず、それは、「資本主義の抑圧」や「資本主義の廃絶」という理論的誤謬を生み出すことになったのです。

対立しあう二つの経済学による「既存の解決」を相対化する、岩井先生の「シュンペーター経済動学」が導く「資本主義の基本原理（＝利潤の差異原理）」のもつ深遠な含みと意義の骨子こそは、そうした理論的誤謬から脱却し、学問的に正しい「資本主義論」を構築することです（岩井先生は『会社はこれからどうなるのか』平凡社、2003年、文庫版2009年、において、「資本主義論」と「会社論」とを有機的に統合する研究も推進されてきました。会社とは「法人」化された企業にほかならず、その法人とは、モノでありヒトでもあるという両義性をもった本当に摩訶不思議な存在です。ここから岩井先生に独自の「二階建て構造論」としての会社論が構築されるのです。①会社をまさに株主のモノでしかないとみなす株主主権論は法理論上の誤謬であり、②産業資本主義からポスト産業資本主義への転換においてはおカネの支配力が相対的に失われていくということの二つは、会社・法人論の基本命題として岩井経済学に位置づけられています。なおぜひ注目しておきたいのは、『マンガ 会社はこれからどうなるのか』というコミック版が2023年に刊行されたことです）。

（2）貨幣の自己循環論法

上記の「資本主義論」についての内容は、学問的に正しい「貨幣論」を再構築することと表裏一体です（『貨幣論』筑摩書房、1993年）。なぜならば、新古典派・古典派経済学による「資本主義の抑圧」、マルクス経済学による「資本主義の廃絶」は、それぞれが「貨幣の抑圧」と「貨幣の廃絶」という理論的に誤った思考の必然的な帰結だからです。

それでは、資本主義社会を基礎づけ、そして存立させている「交換の一般的な媒介」としての貨幣は、「なぜ貨幣として機能しているのでしょうか。なぜ貨幣は貨幣であるのでしょうか」（『経済学の宇宙』第五章）。まさに貨幣をめぐるこの最も根源的な問いに対する岩井先生自身の思考の到達点こそが「貨幣の自己循環論法」理論にほかなりません。

商品の価値も貨幣の価値も「社会が与える」という命題を共有していますが、それだけでは貨幣と商品を区別できない。「貨幣の価値は社会が与える」という命題の重要さにもかかわらず、そこには、マルクス価値形態論やメンガー貨幣理論の暫定的な到達点と同時に明確な限界点も存在しているのです。商品の価値は、それを消費する人々の欲望という「実体的な根拠」にもとづいているのに対し、貨幣の価値こそは、人々が将来におよんで貨幣を貨幣として受け取るという「予想の無限の連鎖」によってのみその価値が支えられているのであり、「貨幣とは貨幣であるから貨幣である」と定義されることになります。岩井先生によれば、「この『自己循環論法』こそ、貨幣に関するもっとも基本的な真理」（『岩井克人「欲望の貨幣論」を語る』東洋経済新報社、2020年、第1章）なのです。

二つの対立しあう「既存の学説」には貨幣商品説と貨幣法制説がありますが、貨幣の存立条件について、前者は金や銀など人々の内部の欲求をみたす素材的な価値をもつ商品、後者は共同体や国家など経済の外部による指令・権力というように、いずれもが「実体的な根拠」から説明しています。岩井先生は、貨幣商品説と貨幣法制説の「それぞれは貨幣の自己循環論法の一方向の因果関係のみを主張しており、まさにこの二つの因果関係が同時に成立したときに貨幣が貨幣として成立するというかたちで、両者の対立関係を『解決』」（『資本主義から市民主義へ』新書館、2006年、第4章）されたのです。このように、「利潤の差異原理」にもとづく資本主義も「自己循環論法」にもとづく貨幣も、どちらもその存立条件としては実体的な根拠を欠いており、「純粋に形式的な論理」によってのみ動いているという理論的含意を引き出すことができるのです。

岩井「貨幣論」の重要な知的ルーツのひとつは、「美人とは美人であるから美人である」というケインズの「美人投票理論」です。ケインズの見いだした現実の金融市場こそは、「美人投票」としての「予想の無限の連鎖」が作用している場所です。「貨幣の『靴ひも』理論」（1988年）での表現でいえば、貨幣とは「純粋に社会的な虚構」です。ただ、貨幣についての思考を究極的な次元にまで深め、そして高められた岩井先生は、のちに貨幣こそがこの世の中に存在する「もっとも純粋な投機」であると宣言されます。この「もっとも純粋な投機」である貨幣に基礎づけられた資本主義社会が根源的な不安定性を本来的にもつのは、まさにこのことの必然的な帰結なのです（『岩井克人「欲望の貨幣論」を語る』第3章）。

（3）不均衡動学的思考へ

主流派経済学批判として初めて体系的に打ち出された岩井先生の「不均衡動学」とは、「アメリカでのケインズ主義者対古典派復活論者を超えた地平で、新たなケインズ的経済学を展開する試み」（『不均衡動学の理論』岩波書店、１９８７年、序章）であり、その現代版の構築は現在進行形の主要研究テーマのひとつでもあります。岩井先生は、資本主義論や貨幣論と同様に「不均衡動学」においても、対立しあう二つの「既存の学説」を精査し、独自の理論体系を完成されようとしているのです。

ヴィクセルとケインズにもとづく不均衡動学的な資本主義論は、効率性と安定性は二律背反するという「資本主義の不都合な真実」をこそコア・メッセージに据え置きます。ヴィクセルの不均衡累積過程理論が描き出す完全に不安定的な世界を救済し、資本主義経済に一定の安定性を与えうるのは、ケインズが見いだした労働市場における貨幣賃金の下方硬直性といった、「市場の不完全性」としての「不純物」があるからにほかならないという逆説的なテーゼが論証されるのです（『経済学の宇宙』第三章）。岩井先生が支持される〈不均衡動学的思考〉と対峙するフリードマンらの新古典派的な資本主義論は、アダム・スミスの「見えざる手」の働きを極限まで推し進め、その働きを阻害する規制や慣行などの「不純物」を取り除くことこそが、最も望ましい政策の姿であると説くものです。それはまさに、岩井先生がかつて〈経済学的思考〉と総称されたものにほかなりません。自由放任主義的資本主義が理論的な誤謬であることは、２００８年のリーマン・ショックに端を発する世界金融危機によって実証されることになりました（『岩井克人「欲望の貨幣論」を語る』第2章）。

岩井先生は、投機をめぐる「合理性の逆説」、古代ギリシャのアリストテレスが見抜いた「貨幣の逆説」という命題への考察をつうじて、そうした〈不均衡動学的思考〉がもつ現代的な意義をよりいっそう深められていきます（『経済学の宇宙』第八章など）。「投機」がもたらす経済への甚大な不安定性にもかかわらず、それはけっして消し去ってはならないのです。なぜならば、すでにみたように、貨幣は「もっとも純粋な投機」であるからであり、さらに投機こそは、「われわれの経済、いや人間性の本質に根ざしている」（『資本主義から市民主義へ』第1章）からなのです。

岩井「経済学史」のめざすところ

こうして岩井経済学のなかに明確に見いだしうるのは、「資本主義の基本原理」や貨幣についてのもっとも基本的な真理である「自己循環論法」理論、効率性と安定性の二律背反をコア・メッセージとする「不均衡動学的思考」、さらには会社・法人論についての二つの基本命題など、まさに岩井先生自身が〈資本主義〉、〈貨幣〉、〈経済理論〉、〈会社・法人〉に関して正しいとみなすところの「基本原理」と「基本真理」、「基本思考」、そして「基本命題」なのです。岩井「経済学史」は、これらの学問的源泉と独自の解決をあらためて体系的に語り直すものにほかなりません。

人類が直面し続ける危機の解決のためには、「正しい」理解こそが決定的に必要不可欠であり、同じことですが、「正しい」理解が得られて初めて、そうでない「誤った」理解との峻別が可能になるのです。

新たに解き直さなければならない「理論問題」を発見し、そして解決していった岩井「経済学の宇宙」そのものが岩井「経済学史」であり、したがって、岩井経済学についての最も根源的な内容を最も基本的な構造で表現しえたものこそが、岩井「経済学史講義」プロットであるといえないでしょうか（『経済学の宇宙』第八章）。それは、岩井経済学の要諦を結晶化した「純粋形態」ないしは「基本形態」をなしているのです。もう少しだけ、岩井「経済学史」に踏み込んで論じ直してみましょう。

アダム・スミスの「見えざる手」を中核に据え置く古典派やそれ以降の主流派をなす新古典派経済学が、その理論体系において「抑圧」してきたのは「貨幣」そのものであり（より正確にいえば、重商主義者ジョン・ローが先駆的に見いだした「貨幣の自己循環論法」です。同じく重商主義者トーマス・マンによる「商業資本主義の原理」を先駆とする「利潤の差異原理」も「貨幣の自己循環論法」とともに「抑圧」されてきました）、ポリスの思想家のアリストテレスが直視した「貨幣の逆説」こそは、まさに岩井先生において、「人類史上最大の発見の一つだと思っています」（『岩井克人「欲望の貨幣論」を語る』第4章）として、その人類史的意義がきわめて高く評価されています。それはどうしてなのでしょうか。

いうまでもなくアリストテレスのいうポリスとは、「他者とともに善く生きる」ための最高の共同体ですが、そのポリスの存立の可能性を生み出す貨幣それ自体が、逆説的にもポリスそのものを内部から崩壊させる可能性を生み出してしまうという「貨幣の逆説」は、より現代的な文脈でいえば、人間に「自由」を与えうる貨幣こそが、貨幣のバブル（恐慌）や貨幣のパニック（ハイパーインフレ）をつうじて、まさに社会の「安定」を根底的に揺り動かし、資本主義社会に必然的に危機をもたらしてしまうことを論じ直すものにほかなりません。そこには、〈不均衡動学的思考〉としての「自由と安定との二律背反」という基本テーゼを的確に把握する、主流派経済学批判の先駆形態を見いだすことができるのです。

このように岩井「経済学史」においては、「アリストテレスと重商主義者対アダム・スミス」という基本的対立軸のなかで、いわゆる「科学」として「経済学」のあり方そのものが体系的かつ構造的に読み直されることになるのであり、こうした「経済学批判」としての岩井「経済学史」講義は、従来の標準的な「経済学史」講義のあり方そのものをも読み換え、そして大きく超える独自の革新性をもっているのです。上記の岩井「経済学史」の基本的対立軸の含みとして、岩井先生がアダム・スミスを軽視しているのではまったくありません。スミス経済学における「貨幣の抑圧」という岩井先生に固有の表現には、重商主義学説を否定することによって、スミスがいかにしていわゆる「科学としての経済学」を構築しえたのかを岩井先生自身が理解することを可能にしたという、むしろアダム・スミスへの敬意がじつは込められているのです。「アダム・スミスの『見えざる手』の理論は、世にある数少ない真の理論である」(『二十一世紀の資本主義論』巻頭論文)、岩井先生はそう明言されています。

現在の主要研究テーマをなす「言語・法・貨幣」論は、脳科学や遺伝研究による「人文社会科学」不要論という大いなる脅威に対抗するためのものであり、岩井先生は「言語」と「法」と「貨幣」という社会的実在とそれを支える「自己循環論法」を根拠としながら、第三の科学としての「人間科学」の再構築にも挑まれています(『経済学の宇宙』第八章、『日本学士院紀要』の掲載論考など)。貨幣は〈社会的実在〉であり、法人は社会的承認を不可欠とする〈社会的存在〉であり(法人としての会社とその経営者とは「信任関係」にあります)、人間もアリストテレスの言葉をかりれば〈社会的生物〉にほかなりません。いうまでもなく人間はたんなる社会的生物ではなく、「言語・法・貨幣」という社会的実在である〈社会的媒介〉をつうじて、まさに「人間の本性」を基礎とする真の社会的生物として存在できるのです。「貨幣論」から「法人論」、「信任論」そして「人間論」という学問的系譜の有機的連関が明確に読み取れ、さらに、ポスト産業資本主義での利潤の源泉はヒトの創造力に大きく依存しつつあるといわれます。講義プロットの終章は「貨幣・法・

言語と人間」ですが、このテーマこそが岩井「経済学史」のむしろ基本前提にあるのです。

最後にまとめておきましょう。(1)第三の科学としての「人間科学」の再構築をつうじて、経済学を含む人文社会科学がもつ固有性と独自性がより明確になるのであり、そのことは、(2)岩井経済学における「不均衡動学」、「資本主義論」、「貨幣論」、「会社・法人論」のより有機的な関連と内在的な理解を深めることを可能とし、最終的に、(3)そうした岩井経済学のコアのもっとも純粋かつ基本形態をなしているものが、岩井「経済学史講義」プロットであるということです。岩井経済学の学際性や越境性に惹かれながらも、私には岩井「経済学史」こそが「経済学の宇宙」です。

岩井「経済学の宇宙」、二十年後

岩井先生は、「不均衡動学の理論」、「シュンペーター経済動学」にもとづく資本主義論、さらに「貨幣論」など、経済学の主要な研究テーマについては高度な「数学モデル」の構築をつうじて常に厳密な定式化をなされると同時に、学術論文の多くは「英語」で発表されてきました。

いうまでもなく「数学」は岩井先生の武器であり、「英語」は岩井先生の研究成果を世界に発信するための必須言語です。しかしながら、「一番本質的な問題に取り組むときには、母語である日本語で思考せざるをえなかった」といわれる（『経済学の宇宙』第五章）。岩井先生のなかで「言語と思考がまさに表裏一体の関係にある」からです。岩井先生は経済学を専門とする研究者でさえ理解するのが難しい数学的な英語論文の内容を、母語の「日本語」を駆使して完璧なまでに論じ直すことで、経済学に知的関心をもつ世代の幅を格段に拡げてこられたのです。岩井先生による２０２３年の文化勲章受章理由のひとつもこの点にこそありました。

岩井先生の思考力と表現力の凄み、みずからが見いだした理論問題に挑むなかで幾度となく直面してきた苦悩や葛藤を試行錯誤しながら受容し乗り越えていく、まさに人間としての懐の深さをいつも体感し続けているからこそ、岩井「経済学の宇宙」に私は惹かれ続けているのです。さて今から二十年後、ジェームズ・トービンの「あの言葉」を私自身はどのような心境で受けとめることができるのでしょうか、とても楽しみです。

〈岩井経済学〉その思考の軌跡を辿る——岩井克人氏に聞く

思考の到達点

塚本　『資本主義の中で生きるということ』は、書評（本書二八九頁所収）でも述べたように、一九八五年の『ヴェニスの商人の資本論』、二〇〇〇年の『二十一世紀の資本主義論』に続く、岩井先生のエッセイ集の「集大成」として位置づけられると思います。「集大成」という場合、これまでの研究テーマについての論考やエッセイが網羅されているというだけでなく、岩井先生ご自身によって拡充され、深められた「思考」そのものが凝縮されていることがより重要です。資本主義論、貨幣論は言うまでもなく、会社・法人論、信任関係論、「言語・法・貨幣」論などについて、岩井先生の現時点での思考の到達点を知ることができるからです。本書を拝読していると、数々の大きなテーマに取り組んでこられたことがよくわかります。自らの学問の軌跡を振り返った『経済学の宇宙』という本のタイトルに則して言えば、この「宇宙」という言葉が決して誇張ではない。それほど広い、深い学問史であった。ただ、今申しあげた二冊と本書では異なる点もあります。先行する二冊は、いずれも長編論考を巻頭においていますが、本書は「ファンレター」と題する短いエッセイから始まります。理由は「あとがき」で触れておられますが、岩井先生の学問の足跡の中での本書の狙いや位置づけなどについて、まずはお聞かせいただけますか。

岩井　『二十一世紀の資本主義論』を刊行した後も、様々な媒体で文章を発表してきました。まとめて本にしたいとは思っていたんです。ただ、今言われたように、これまでは巻頭論文を書いていましたが、それがなかなか書けずにいた。ところが、昨年九月、ある米国人女性から「ファンレター」をもらい、そのことをエッセイに書きました。「あなたはイェール大学で私がもっとも好きだった講義の先生でした」というタイトルが付いたメールでした。送り主は、四〇年以上も前の一九八一年に、私が日本に帰国する直前に行った講義「異端の経済学」を受講した学生で、その講義からあるインスピレーションを得て、社会学者になったと書いてありました。私は一九六九年に日本の大学を卒業後米国に渡り、一二年間暮らしましたが、米国との関係は決して幸福なものではなかった。ですから、彼女からのメールに救われた気持ちになって、すぐに返事を書きました。でも、それだけだったら、たんなる自慢話ですから、エッセイなどにしませんん。エッセイの種明かしになってしまいますが、私の返事には「二〇二四年八月まで治療のための長期休暇を取ります」という自動返信が返ってきただけでした。それは何を意味するのか。あの「ファンレター」は一種の「遺言書」だったということです。万が一に備え、これまで恩恵を受けてきた人に「福」を遺贈するためのメールだったのです。

今回、旧友石川経夫君の追悼文を収録しました。私は石川君から常に与えられるばかりで、生前何も返すことができなかった。だから、世の中にお返しするしかないと述べました。彼女に対しても、同じことを考えたのです。「ファンレター」を受け取って、その中の言葉に私は救われた。だが、その「福」に対して「福」を返せない。贈与を受け取ったのに返礼ができない。ならば彼女の代わりに、より広い読者に向かって返すことができないか。そういう思いが、新たな巻頭エッセイ無しで本書を刊行するきっかけになったのです。

もうひとつは、「宇宙」という言葉を使ってくださったけれども、経済学だけではなく、文学や映画、美術などに関するエッセイも入れる。そのことによって、少し格好つけた言い方になりますが、経済学の宇宙よりももっと広い「宇宙」があることを示したかった。経済学に興味ある人だけではなく、より広い読者の方たちに向けて、本書を届けたかったということです。

塚本　もう一点、本書の全体と岩井先生の学問的歩みに関してお聞きします。『経済学の宇宙』の「あとがき」が本書に所収されています。短い文章ですが、「頂点」と「没落」という独自の言葉を使われていて、とても印象的で、この「あとがき」を入れる必然性があったと思います。つまり、岩井先生の学問史が、この「あとがき」でほぼ言い尽くされている印象があるんですね。そう考えた時、今日のお話で、岩井先生が歩まれてきた学問、その思考の軌跡をさらに追体験し、共有したい。そんな思いがあります。

岩井　ご指摘の通りで、経済学の領域に関して、私がこれまでやってきたことを後付けるならば、まさに『経済学の宇宙』のあとがきに書いたことに尽きると思います。「頂点」と「没落」という言葉を使いましたが、それは本当の気持ちです。私は外国で長く教えたので、出版社の人や読者は「世界の岩井」といった形容詞を付けたがるんです。けれども、最初に言ったように、米国、とくに経済学の主流派から見れば、私は没落した人間です。その事実をまずは見つめて、自分がどういう位置に置かれているかを率直に提示したかった。『経済学の宇宙』を書いたひとつの目的も、自分が学問を格好良く描くことではなく、自分が学問として何をやろうとしたかを中心に語りたかった。今回もそうです。

「ファンレター」というエッセイにも書きましたが、米国の大学院に行って、あっという間に博士論文を書くことができた。すぐに米国で就職もできました。学界的には私の「頂点」だったと思います。それで野望を抱き、これまでの経済学の宇宙をひっくり返してやろうと考えた。『不均衡動学』という一冊の本を書くことに集中し、論文を出版しなくなりました。そこから研究者としての「没落」がはじまる。当然のことですが、苦痛でした。ただ、自分自身がかなり陽気な人間で打たれ強かったこと、それに加えて、伴侶に助けられました。この世には、永久に認められないことがあり得る。死んだ後も認められるかどうかわからない。好きなことをやっているならば、それでいいじゃないか、と常々言ってくれた。学問から与えられた問題をいかに解くか。それが学者の使命である。倫理学的な言葉を使えば、学問を選んだ人間は、学問の中で与えられた問題に対して、それを努力を怠らず取り組んでいく「忠実義務」がある。その義務を果たすことに専心すればいい。これが伴侶の言葉の持つ意味であり、それによって気持ちが楽になりました。

ケインズを読み直す

塚本　若い頃の話をもう少しおうかがいしたいのですが、『経済学の宇宙』あるいは今回の本を拝読していても、師である宇沢弘文さんの影響が大きいことがわかります。一方で岩井先生は、宇沢さんに対して「父離れ」という言葉も使われています。そうした意識を強くお持ちだったのでしょうか。

岩井　それは宇沢先生に対してだけではありません。私の同年代の経済学者で、先ほど名前を挙げた石川経夫君、それから奥野正寛君や篠原総一君は、同じ年に東大の経済学大学院に応募しました。一九六九年のことです。ただ東大紛争の最中で大学院が封鎖されてしまい、提出した論文は封も切らずに戻されてきました。その四人の窮状を救うために、宇沢先生、小宮隆太郎先生、浜田宏一先生の三人が、米国の大学院への推薦状を書いてくれました。結果的に、四人とも留学することができました。だがすでに当時、今言った先生たちや森嶋通夫、二階堂副包、稲田献一、根岸隆さんらがグローバルに活躍していました。次の世代の私たちが、前の世代と同じことをやっていても、エピゴーネンにしかなり得ません。すこしでも違った道を歩んでいこうという意識は、みんなが持っていたと思います。それが「父離れ」という言葉の意味です。

留学直後の話をすると、私が留学したＭＩＴは新古典派経済学の中心地で、その中心人物でもあるサミュエルソンやソローが教えていました。そうすると一年もいれば、新古典派の基本的な理論構造が分かります。一方で、当時、ケインズを読み直そうという流れもありました。それに触れて、実際に『雇用・利子及び貨幣の一般理論』を読み直してみました。大学時代にも読んだのですが、まったく理解できなかった。当然で、『一般理論』は、新古典派経済学者に向けて書かれた本であったのです。だから、自分が新古典派理論を内在的に理解して、ケインズが何を言いたいかが、はじめて理解できたのです。本当に感銘を受けて、本がボロボロになるまで読み込みました。

ケインズは若くして新古典派経済学の中心となった人でしたが、一九三〇年に『貨幣論』

を書いて、そこから断絶した。新古典派のみならず、古典派経済学やマルクス経済学からも決別するための鍵として、貨幣の発見があった。資本主義経済は、そもそも貨幣を基礎にしている。だが、新古典派、古典派、マルクス派は、その貨幣を無視する。無視しなくても、本質的な影響は及ぼさないという前提をもとにした経済理論を構築している。そこに根源的な誤りがあることを示した。ケインズを読み直すことによって、その意味が初めてわかりました。ただ、同時に、ケインズが十分にやらなかった問題があると気がついた。先ほどの言葉で言えば、そこに「解くべき問題」があった。それを解くために、不均衡動学や貨幣論の研究に向かっていったということです。

塚本　『ヴェニスの商人の資本論』と『二十一世紀の資本主義論』、『資本主義を語る』、そして今回の『資本主義の中で生きるということ』のように、タイトルを見るだけでもよくわかりますが、岩井先生はこれだけ長く資本主義について語り続けてこられた。貨幣についても同様です。なぜそこまで資本主義と貨幣について語り続けることができるのか。逆に言えば、資本主義と貨幣についてどれだけ語り尽くせたという実感が、現時点でおありなのでしょうか。

岩井　まだまだ語り尽くせないことがありま す。経済学を研究していると、資本主義から降りたくなる誘惑に駆られる時が多々ありま す。資本主義の現実を見ると、人間とはこんな存在ではないと叫びたくなる。そして、世の中の全ての人間が、お互いにお互いのことを思いやって生きる、そういう「お花畑」的な世界の存在を想定したくなる。マルクスの言う「原始共産制」的な共同体です。そして、現実の社会を、そのような楽園が貨幣や私有財産制によって汚されてしまったものとして見る。失楽園です。すると、最終的解決は、現実の社会から貨幣や私有財産制を取り除けば良いことになる。人類はかつては「贈与交換社会」に生きていたわけで、そうした思考への誘惑を本能的に持っている。でも、マルセル・モースが言うように、贈与交換社会は人間が自然と直接に交換する「自然経済」などではない。あくまでも「交換」社会です。資本主義と違うのは交換の「形態」にすぎない。

戻るべき楽園などではありません。

そして、それとは一見対極的な思考がある。ミルトン・フリードマンを代表とする新古典派経済学です。それは、貨幣によって可能になった市場経済および資本主義を、「見えざる手」に導かれる、それ自体で自己完結したシステムと見なします。現実の資本主義経済が何か問題を抱えていれば、それは市場の働きを阻害する封建的な因習や中央銀行や政府の余計な介入が原因であると考える。それらの阻害要因を取り除けば、資本主義は本来的な効率性と安定性を回復するというわけです。つまり、共同体への回帰思考とフリードマン的な新古典派的思考とは、一見対極的に見えながら、実は、思考の構造は共通している。そして、人間はどちらかにジャンプしたい誘惑に常に駆られている。でもそうしたら、ディストピアです。いかにこの対立しながら共通の思考の誘惑から抜け出したら良いのか。いまだに模索し続けています。「語り尽くせない」と言ったのは、その問題に行き当たるからです。

昨日、米大統領選でトランプ再選のニュースを目にしました。寝られないほど、絶望しました。そして、これも誘惑に駆られた結果として捉えることができる。米国民が、民主主義やグローバル化や思想の自由といった、いわば「近代」の基本原理を放棄したい誘惑に負けてしまった。これらはヨーロッパかぶれしたエリートが作った虚構に過ぎないとして切り捨てようとしている。そして、少し話が飛ぶようですが、それはかつての日本における「近代の超克」なんじゃないか。太平洋戦争開戦の翌年に『文學界』に掲載された有名な座談会のタイトルですが、その雑誌の中で京都学派の歴史学者・鈴木成高が、「近代の超克」とは、民主主義・資本主義・自由主義の超克という意味であると規定した覚え書きを書いています。しかも、その「近代」を「欧州文明」と見なし、「近代の超克」を「欧州の世界支配の超克」という実践的課題と結びつけようとした。そして、いま、中国、ロシア、イラン、ヴェネズエラといった「強権国家」が行おうとしているのが、まさにこの意味での「近代の超克」の焼き直しです。しかも、そのネットワークの中に、トランプのアメリカが入りかかっている。そんな絶望的な世界になっていると思います。

振り返ってみれば、こうした世界の出発点にはフリードマンを主導者とする自由放任主義や株主主権論をもとにした一九八〇年代からのグローバリゼーションがある。それによって恩恵を受けた国はふたつ。ひとつは主導したアメリカ、もうひとつは大量の資本を輸入して産業を振興し、大量の貿易輸出をした中国です。だが、その「成功」の結果、中国は「近代」を「西欧的価値」と同一視して「中華民族の偉大な復興」を目指すようになり、他方のアメリカはその内部で「近代」を否定する勢力が過半数を占めるようになってしまった。そういう「近代の超克」が拡大していく時代の中で、もはや「ポスト近代」などという脳天気なことは言っていられない。いかに「近代」なるものを守るのか。非常に凡庸な試みかもしれませんが、今の時代にはそれしかないという思いを強く持つようになりました。

塚本　今のお話は、本書所収の「「社会契約論」再考――コロナ危機と二つのディストピア」に関わるテーマですね。

岩井　そうです。コロナ危機の時に、「社会契約論」の意味が初めて本当にわかった気がしました。それは私の取り組んできた信任論に密接に結びついている。つまり人間は国家やそれに類する制度がないところでは、自分で自分を縛る法律を作れないということが出発点です。個人が利己心を自由に追求する自然状態にある時、他人の財産や生命を侵害してはいけないという法を自分で決めたとしても、それは自分が自分に対して契約しているだけだから、ちょっと利己心が目覚めれば破られてしまう。だから、ホッブズの言うように、自然状態はだれも自由を実現できない戦争状態なのです。だが、ルソー、そしてカントの洞察は、国家を「媒介」にすれば、人々は自ら定めた法に自ら従うことが可能になるということです。すなわち、主権者として法の決定に参加する権利をもち、国民としてその法に等しく従う義務を負う。それによって人間は、他者の自由と共存しうる、真の意味での「自由」を獲得することになるわけです。人間は自分で自分と契約を結ぶことはできない。これが人間社会の一番の難問である。その難問を解決するために、国家という制度がいかに必要か。そのことをコロナ禍という一種の戦争状態の中で、ずっと考えていました。

アリストテレスの画期的な思考

塚本　資本主義と貨幣の話に戻ります。岩井先生は、資本主義に関して、「シュンペーター経済動学」を数学的に定式化するなかで、「資本主義の基本原理（利潤の差異原理）」に到達されています。「遅れてきたマルクス」（『ヴェニスの商人の資本論』所収）はその内容を概説したエッセイです。また貨幣については、「貨幣の進化」論文を通じて、「貨幣の自己循環論法」理論に到達されている。「貨幣の『靴ひも』理論」（『二十一世紀の資本主義論』所収）は、岩井先生の貨幣論を平易に解説されたエッセイです。もうひとつ興味深いのは、岩井先生が「現実が理論に追いついた」と時折語っておられることです（たとえば、『会社はこれからどうなるのか』、『岩井克人「欲望の貨幣論」を語る』など）。この「理論」とは、岩井先生の「資本主義論」であり、「貨幣論」のことです。「利潤の差異原理」と「貨幣の自己循環論法」理論こそは、経済学の歴史の中で、ずっと抑圧ないし抹殺されてきた。今回の本に「『貨幣論』の系譜」が収められています。古代ギリシャのアリストテレスの「貨幣の逆説」とアダム・スミスの「貨幣の抑圧」という思考構造の対比を通じて、経済学史の新たなあり方を明確に打ち出す試みです。

岩井　貨幣に関しては、「『貨幣論』の系譜」の中で、ある程度示すことができたと思っています。すでに何万回も話してきましたが、貨幣というのは実に不思議な存在です。たとえば一万円札というのは、モノとしてはまったく価値がありません。しかし貨幣としては「一万円」の価値を持つ。無から有が生まれるわけです。そのプロセスを「自己循環論法」という言葉で説明しました。すべての人が貨幣を貨幣として受け入れることによって、貨幣が貨幣として機能するようになる。禅の公案みたいに聞こえますが、現実に、現在では、モノとしては単なる記号の羅列にすぎないデジタル通貨が、プラスの価値を持って流通しています。預金通貨にしても、銀行間で単なる数字をやり取りしているだけのことです。ただし、ビットコインは新たなカジノの創設にすぎません。

貨幣論を考えていく中で、私自身は、あくまでも抽象的に考えていくことにしました。学問の王道としては、「〇〇とは何か」という質問をしてはいけないんですが、あえて、「貨幣とは何か」という問いを立てた。そうすると、貨幣のモノとしての価値と、実際に流通する貨幣としての価値とのあいだに、必然的にギャップが生じることが理論的に示せます。これから、逆に貨幣の歴史を辿ることができる。魔法のような光を放つ金《きん》が貨幣として使われていた時ですら、その金としての価値がいかに高くても、貨幣としての金の価値よりも必然的に低いということが分かる。いや、古今東西の貨幣論は、無から有が生まれるこの仕組みを認めたくなく、なんとかそのギャップに実体的根拠を与えようとしてきた。それが貨幣商品説であり、貨幣法制説です。このようなことは、抽象的に考えて、はじめて分かることになります。

塚本　貨幣については、「ある程度示すことができた」と今言われましたが、貨幣と資本主義の関係という点から考えてみるといかがでしょうか。

岩井　それについては、やはりアリストテレスを読み直して、初めてわかってきたんだと思います。アリストテレスに対しては、たとえばマイケル・サンデルみたいに、共同体主義の先祖として捉える読み方もある。それも正しい。ポリスという共同体は、ある目的を持って、その目的を実現するために生まれた人間の集まりである。ポリスの最小単位を、

「家」を意味するオイコスに設定し、そこからどんどん積み上げていって、ポリスという最高の自己完結性をもつ共同体が作られる。アリストテレスはそのことを『政治学』で書き表しました。ただ、アリストテレスをコミュニタリアニズムの先駆者と見るだけでは、彼の偉大さが分からない。古代のアテネを思い浮かべれば分かるように、ポリスには、当然のことながら様々な種類の人間がいる。医者、農民、靴屋など、違った人たちがコミュニティ内で共存するためにはそれぞれが提供する異なった財サービスを交換しなければならない。アリストテレスの思想の根源には、「媒介」(メソン)の概念があります。異質の存在だから、共通の媒介が必要だ。それが貨幣だ、というわけです。それだけではありません。貨幣は当初、欲しいモノを手に入れるための単なる手段にすぎない。それ自体は全くの無価値である。だが、貨幣は何でも買える可能性を与えてくれるから、人々がその「可能性」それ自体を目的として欲望するようになる。そうすると、手段が目的に転換されることになる。アリストテレスの叙述はすこし曖昧ですが、出発点が終点に変わり、その終点が次の出発点となると書いています。それ故、人間の欲望をも大きく変えてしまう。可能性それ自体に対する欲望には限りがありません。人々は貨幣を無限に求め始めるのです。ここで初めて「無限」なるものが、人間社会の中に登場する。そして、資本主義が誕生する。もちろん、それは、自己完結性を本来の目的として生まれたポリスを内側から壊してしまいますから、アリストテレスにとっては敵です。だが、まさにそのことを、本人の意図に反して証明した。ここがアリストテレスが単なるコミュニタリアニズムの先駆者を超える画期的なところなのです。そして、ポリスを可能にする貨幣が同時にポリスの破壊者でもあるという、この二律背反的思考は、私が『不均衡動学』と『貨幣論』でやろうとしたことにまさに通じているのです。

「法人論」／「信任関係論」

塚本　岩井先生のもうひとつの主要な研究テーマとして、「法人論」があります。ある時、「「法人」なるものを発見した」とも書かれている。「法人論」は「信任関係論」とも密接に関わっています。より根源的な人間関係こそは「信任関係」であり、「契約関係」はそこから派生したものであると。ここにも岩井先生の主流派経済学批判と同時に、主流派経済学の基本体系を「逆転」させる思考を読み取ることができます。

岩井　法人論は、日本経済論をアメリカで教えることになって、苦肉の策で会社について考え始めたことに端を発しています。会社が「法人」であることを、主流派の経済学はほとんど無視しました。そもそも法人とは何か。本来はヒトではない「モノ」なのに、法律上「ヒト」として扱われる存在です。ヒトとモノの両義性を持つ、本当に不思議な存在です。もちろんこれは西欧で神学などから発達した概念ですが、日本では「家」の概念がそれに近い。基本的には、社会的承認の問題に関わってきます。つまり「法人」とは言うけれど、極端な言い方をすれば、道端に転がっている石ころと同じである。それを社会が「ヒト」として扱うことによって「ヒト」となった。貨幣も社会的な承認があるから貨幣になるんですが、この社会的承認のあり方が自己循環論法的な構造になっている。しかし法人の場合、社会あるいは国家というものが先にあって、それが承認する形で成立する。だから抽象性は、貨幣ほど高くありません。けれども圧倒的に面白い問題を含んでいる。それ故、法学では法人論争が延々と行われてきたわけです。しかも中世の哲学思想における普遍論争にまで繋がっている。そして、そもそも「人間とは何か」という問題に繋がっていく、それなりに深い問題です。さらに、それが現実の資本主義社会における会社のふたつのあり方、つまりアメリカ型の会社のあり方と、日本やドイツなどの欧州における会社のあり方との対立関係と、構造的に同型である。そういう発見ができたことに衝撃を受けました。

塚本　先ほどの話に戻りますが、資本主義論については、貨幣の自己循環論法と同じく、八〇年代にほぼ到達されていた。それ以降は変わっていないと考えてよろしいのでしょうか。

岩井　そうですね。差異から利潤を生み出すのが資本主義であり、それこそがまさに資本主義についての基本原理です。資本主義というのは非常に簡単な原理に基づいています。繰り返しになりますが、資本主義は貨幣の流通を前提としています。しかも貨幣は、すべてのモノを同一の価値尺度で表します。そうすると何が起きるのか。足し算と引き算しか必要としないシステムだということです。利潤は「収入マイナス費用」のことです。収入は売ったモノの価値を足した総計で、費用は買ったモノの価値を足した総計である。利潤（プラス）が出れば、さらにお金を投入すればいい。マイナスならばお金を引き上げる。そうした算術的原理で資本主義は動いている。どのような人間でも算術ならできる。だからこそ資本主義は必然的にグローバル化する、普遍的なシステムである。この考え方は八〇年代から変わっていません。同時に、そうやって考えていった末に、産業資本主義というものを相対化することもできた。それが大きかったと思います。

塚本　岩井先生は、シュンペーターの唱えた「イノベーション（革新）」にもとづく、ポスト産業資本主義について論じられています。ポスト産業資本主義は、資本主義の最も純粋な形態です。「ポスト産業資本主義の時代においては、産業資本主義の時代とは異なり、おカネはその支配権を失ってしまうのである。もはやおカネで買える機械制工場それ自体は利潤を生んではくれないからである。おカネでは買えないヒトの頭脳しか利潤を生まないからである」（本書所収「新しい会社の形をもとめて」）。けれども、今や生成ＡＩやチャットＧＰＴによって、そこに大きな逆転が生じ始めている。この大きな問題について、近年は最も時間を割いて思考されておられるようですね。

岩井　ごく単純に言うと、産業資本主義の大前提は、農村における過剰人口の存在です。お金さえあれば、生産性の高い機械制工場を買うことができます。農村からいくらでも安価な労働力をあらたに調達できる限り、生産性と賃金の差異から、必然的に利潤を生むことができる。そして、その利潤を再投資すれば、生産をさらに拡大することができる。そういう仕組みで産業資本主義は成り立っていた。したがって、それは、お金が支配する社会です。だが、産業資本主義の拡大は、いつしか農村の過剰人口を枯渇させ、ポスト産業資本主義への転換を余儀なくされます。工場に投資しても、賃金の高騰によって、利潤は保証されない。したがって、人為的に差異性を創るイノベーションからしか利潤は生まれなくなる。イノベーションを起こすには、少なくともAIが出て来るまでは人間の頭脳だった。頭脳労働という形で、人間が資本主義の主役になっていた。そのことをつい最近まで言い続けていました。そこにポスト産業資本主義のひとつの方向性があった。お金が支配する古い意味での産業資本主義社会から、人間が主役になることができる世界に向かっていく。そう考えていたところに、生成AIが登場した。しかもチャットGPTという大規模な言語モデルが出て来たのが衝撃でした。そうなると利潤を生む差異を、生成AIが作ることができるかもしれない。実際に製薬なんて、今やほとんど生成ＡＩがつくっていると言ってもいい。また今回ノーベル化学賞を受賞したデミス・ハサビスも、ＡＩを使って有機分子の複雑な折り畳み構造を解明した。これまで人間が独占していると思われていた差異をつくる能力を、ＡＩが奪ってしまう可能性がある。ところがＡＩはヒトではなく、モノでしかない。ということは、お金で買えます。これは大きな脅威であり、お金が支配する世界に再び戻ってしまいかねない。

現実的に起きている事態を見てみてもいい。チャットGPTを作ったOpen AI社は二〇一五年に設立された当初は、人類全体のために普遍的人工知能を発展させるという崇高な目的を持ったＮＰＯだった。ところが生成ＡＩの大規模言語モデルをより発達させるためには、巨大な資金が必要となり、そのために現在、営利会社への転換を図っています。なんと一五〇億ドル調達しようとしている。生成ＡＩの効率性に関して働いていると言われている「スケール（規模）の法則」によって、またもや資本の論理が優位に立つ世界を、まさに現実的に体現しているわけです。私が一番恐れている事態が起こりつつあるのかもしれません。人間に向かっていたポスト産業資本主義の傾向が、資本の論理の方に揺り戻されつつある。もちろん中には、そうした流れに反発し、当初あった理念に立ち戻り、別のＮＰＯに移る人もいる。これからの資本主義を考える際、ＡＩを中心にして様々な事態が起きてくると思います。

人生にひとつの区切りを

塚本　今回の本の最後の章に、五名の方への追悼文が所収されています（石川経夫・佐藤和夫・辻井喬・宇沢弘文・小宮隆太郎）。そこに込められた思いをお聞かせください。

岩井　本書冒頭の一文は、私自身に影響を受けた人からもらった「ファンレター」、それを解釈するエッセイで始まっています。逆に自分も、いろいろな人から学問的かつ人間的に、多くのものをもらってきました。最初の話に繋がりますが、本人が亡くなっている場合、何も返すことができない。だから、それを世間、読者にお返しするという意味で追悼文を入れることにしました。また歳をとってくると、おしまいから逆算して思考していくようになります。『経済学の宇宙』を書いた時もそうでした。今回は、そのことをもう少し意識的に頭において、本を編むことにしました。エッセイ集としては最後かもしれない。ここで人生にひとつの区切りをつける。そんな思いが強かったですね。

塚本　「ファンレター」で触れられている「異端の経済学」の講義は、四〇年以上前になります。今でもはっきり覚えておられるのですか。

岩井　ええ。ケネーからはじめて、アダム・スミス、マルクス、ヴィクセル、ケインズ、そしてシュンペーターについても話しました。

塚本　私自身、岩井先生の講義を受けた「教え子」でもあります。逆に今、岩井先生の御著書を使って講義をしている。その時に大きな刺激を受けるのが、やはり岩井先生の思考の軌跡なんです。資本主義論、貨幣論、不均衡動学の理論、それから法人論と信任関係論、「言語・法・貨幣」論まで、研究テーマに雄大な広がりがあります。それらのすべてが深い思考に支えられ、有機的に繋がっている。この対談の冒頭で岩井先生は、「経済学の宇宙よりももっと広い『宇宙』があることを示したかった」といわれましたが、たとえば『ヴェニスの商人の資本論』や『二十一世紀の資本主義論』ではシェイクスピアや井原西鶴、今回の『資本主義の中で生きるということ』でも夏目漱石や小津安二郎、網野善彦さんらがとりあげられていて、映画や文学作品、歴史研究などからも岩井先生ご自身の貨幣・資本主義論、会社・法人論についての思考の知的源泉を読み取ることができると思っています。今日直接お話をうかがって、さらに強いインスピレーションを受けることができました。

岩井　塚本さんは、私よりも私のことをわかっている（笑）。

塚本　最後に、このインタビューを読む若い学生に向けて、ひと言いただけますか。

岩井　最初に言ったことだけれど、学者とはどういう存在か。問題を見つけて、また問題に取り憑かれて、それを解いていくことを仕事にしています。若い人には少し漠然とした言葉かもしれませんが、芸術家でもサラリーマンでも、どんな商売に携わっている人でも、それは同じなのだと思っています。与えられた問題を、場合によっては問題を自ら見つけて解いていく。いや、問題を解くことをみずからの義務とする。自分自身に関して言えば、そうやってここまで研究を続けてきました。

それはとても幸せなことだったと思います。

★いわい・かつひと＝東京大学名誉教授・神奈川大学特別招聘教授・日本学士院会員・経済学。二〇二三年、文化勲章受章。著書に『不均衡動学の理論』など。

※本対話と書評は、岩井克人『資本主義の中で生きるということ』刊行を機に、『週刊読書人』二〇二四年一二月六日号一～三面に掲載された。

資本主義はこれからどうなるのか——貨幣・法人・信任関係の「発見」をつうじて

岩井克人『資本主義の中で生きるということ』（筑摩書房、2024年）

本書の題名にあるように、われわれは「資本主義の中で生きるということ」をいわば当然視しており、実際に「資本主義の中で生きている」。

では、「資本主義」とは何か。さらに、「資本主義」の存立を基礎づけている「貨幣」とは何であるのか。「資本主義」にせよ「貨幣」にせよ、それらには、無数の定義なり解説がある。学問としての経済学はまさに、「資本主義」と「貨幣」をめぐる認識の対立の歴史にほかならない。著者の岩井克人氏は、そうした難問に半世紀以上に及んで挑み、語り続けてきた経済学者だ。本書は、岩井の代表作『ヴェニスの商人の資本論』、『二十一世紀の資本主義論』（ともに筑摩書房、1985年、2000年）に続くエッセイ集の集大成であり、同じく筑摩書房から1993年に刊行された『貨幣論』を加えれば、同社からは4冊目の単行本となる。

岩井による「資本主義」と「貨幣」についての知的関心の源泉は、きわめて明確だ。なぜならば、学問としての経済学は、それらについての理論的思考を抑圧し、その論理的帰結は、「資本主義」と「貨幣」についての学問的に「正しい真理」に到達することを回避してきたからだ。

既存する「資本主義」と「貨幣」の経済学説を根源的に批判し、精査するなかで岩井が導き出したのは、周知のように、「差異から利潤を生み出す」という「資本主義の基本原理（利潤の差異原理）」であり、「貨幣は貨幣であるから貨幣である」という「貨幣の自己循環論法」理論にほかならない。それらは、日本の学界で長らく有力だったマルクス経済学の思考とも、現代の学界の主流派である新古典派経済学の思考とのいずれとも次元を異にしており、岩井によれば、まさにそれらこそが「資本主義」と「貨幣」についての「最も基本的な原理・真理」として提唱されている。

さらにひときわ興味深いのは、「貨幣」に基礎を置く「資本主義」についての研究を推進していくなかで、岩井が資本主義社会の中核的存在をなす「法人」とその法人を基礎づけている「信任関係」を発見したことである。それによって、岩井自身の「貨幣・資本主義」論は、経済学を越境した「法人」論と「信任関係」論をつうじてその知的枠組みを大きく拡充すると同時に、まさに「資本主義の中で生きるということ」の学問的意味をいっそう深めることを可能とした。本書は、岩井の「思考の軌跡」の全体像を辿ることができる作品であり、これまで述べてきた純粋な経済理論をめぐる諸研究の論考にとどまらず、時代や世相への時論、講演録、文学・美術・映画などの読書エッセイ、岩井に大きな知的影響を及ぼした人々（友人と師匠・先生）への心温まる追悼文なども数多く所収されている。

そのなかのひとつが本書冒頭の「ファンレター」。その「結び」に記載された内容は、まさに私自身の感慨を代弁するものでもあり、1981年にエール大学で岩井が担当した「異端の経済学」と題した「経済思想史」の講義を拝聴できたその米国女性をとても羨ましく思った（ただ私はその後、東大での岩井「経済学史」講義を拝聴する機会に恵まれた）。それらエッセイのひとつひとつを、本当に味わい深く楽しく読めるのは読者にとっては嬉しい限りであり、岩井の「自分史」をつうじての「時代史」を垣間見ることもできるだろう。かつての学問的自伝『経済学の宇宙』（日本経済新聞出版社、2015年、文庫版2021年）との併読も大いに有益だ。

本書「あとがき」には次のような文章がある。「私自身は、この『資本主義』や『貨幣』という主題それ自体が、私に語り続けることを要請、いや強制しているという不思議な感覚をいだいているのです」。この「資本主義・貨幣」という「学問」的テーマと岩井克人という「学者」とのあいだには明確な「信任関係」があり、まさに氏は学問に対していわば倫理的義務としての「忠実義務」を遂行しているにちがいない。岩井がみずからに課した未解決（未完成）の研究テーマは、まだいくつも残されているようだ。読者諸氏はそれらの所在も本書で確かめることができるだろう。

あとがき

　私は大学の学部時代、最初から研究者をめざしていたわけではありませんでした。卒業が近くなって大学院進学を決意し、そのことを慶大ゼミの指導教授や父に告げた際にも、簡単には承諾を得ることはできませんでした。自分では真剣に決意したと思っていても、相手には必ずしもそう伝わっていない。だからこそ、少しずつながら地道に「結果」を出していくよりほかに方法はありません。その果てしなく長い道のりは「冒険」と称してよく、前作『経済学の冒険――ブックレビュー&ガイド100』の刊行のはるか以前から、私自身がみずからの生き方をめぐる「冒険」に試行錯誤しながら果断に乗り出していたのだと思います。

　そうした回想を無意識のうちにしながら、『経済学の冒険』の大学所蔵館がそれ相応の数に達した2024年4月頃から、新たな「副読本」のような書物を刊行できないだろうかと、私は真剣に考え始めていました。それについてはすでに「まえがき」で書いた通りです。本というものは刊行されてしまえば、それで著者の仕事が終わるわけではけっしてなく、むしろ本当の意味での仕事は本が刊行されてからこそ始まるのです。

　本書『いまこそ「経済学の冒険」を語る――本を読み、文章を書く』という作品は、著者自身によるそのような努力の所産にほかなりません。実際のところ、「本を読み、文章を書く」という知的営為を、私自身はとても楽しみながら取り組んできたと断言できるのです。そこから大きな知的エネルギーと知的バイタリティを得てきたのであり、肉体的・精神的疲労が生じえても、それらは「本を読み、文章を書く」ことによって知らないうちに解消されていくという不思議な循環関係があったのです。学者や研究者であるならば、そういう経験をし、さらにその経験値は常にアップグレードされていっているのではないでしょうか。しかしながら、「相当な覚悟と決意」でもって今回の執筆に臨んだことも事実なのです。

本当に心地よく、そして楽しく本書の執筆と編纂に専念できたもっとも大きな理由のひとつは、今回の作品も「読書人」から刊行されたからでしょう。「読書人」の明石健五編集長は、私が自由に文章を書くことを承諾され、いつも温かい眼差しで私の書いた原稿を読み、コメントしてくださっていました。著者が本当に書きたいことをきちんと書く「自由」をこそ与えていただき、とはいえ、それは内容面においてけっして妥協したものではありえません。たとえ楽しみながらの執筆であっても、それはやはり真剣勝負の世界であり、著者と編集者はお互いの力量をうまく引き出しあえる関係でなければなりません。前作『経済学の冒険』と同様に、明石編集長の多方面に及ぶご尽力には深く感謝しております。

本書のサブタイトルは、「本を読み、文章を書く」。じつはここには、私の氏名に含まれている「本」と「章」の一文字ずつを挿入しています。ちょっとした「仕掛け」ですが、本書がまさに自分自身そのもの（分身）であることをさりげなく示唆しているのです。

　最後に、以下の諸先生方にもあらためて深くお礼を申し上げます。吉川洋、水野和夫の両先生には、『経済学の冒険』をめぐる「対談」と「対談にもとづく論説」の再掲をご快諾していただき、西部忠先生には、『経済学の冒険』の「書評」の再掲をご承諾いただくことができました。「往復書簡」という学問的なやり取りにご協力いただいた栗田健一さんも、本書のためにご自身の論考を改稿する仕事に応じてくださいました。岩井克人先生には、岩井先生ご自身の新著『資本主義の中で生きるということ』をめぐる私との「対談」の再掲とともに、執筆と刊行にむけての温かい励ましのお言葉も頂戴することができました。そして橋本努先生はご多忙のなか、今回の新刊への帯推薦文を快くご執筆してくださりました。本当に素晴らしい一文です。いずれもが本当にありがたいことであると思っています。

　私が読者の皆さんに『経済学の冒険』と「経済学の冒険」とを、自信をもって「語る」ことができるのは、まさにこうした諸先生方との「人脈」と「本脈」こそが基礎にあるからなのです。

二〇二五年二月二八日

塚本恭章

初出一覧：『いまこそ「経済学の冒険」を語る』

※なお「＊」を付した文章は収録の際に改題

第一章　自著を語り直す――『経済学の冒険』のスケルトン＊

『経営総合科学 神頭広好所長退職記念号』（愛知大学経営総合科学研究所）、第120号、2024年3月、402－430頁

第二章　対談をつうじて――水野和夫、吉川洋と「経済学の冒険」

資本主義／経済学はどこへ向かうのか（水野和夫・塚本恭章）「『経済学の冒険 ブックレビュー&ガイド100』（読書人）刊行を機に」「週刊読書人」2023年11月24日、第3516号1・2面

「経済学学」に陥った現代経済学の隘路、経済学は再生できるか（吉川洋・塚本恭章）『経営総合科学 神頭広好所長退職記念号』（愛知大学経営総合科学研究所）、第120号、2024年3月、369－400頁

間奏曲1　はじめての大学教授――忘れえぬ慶大ゼミ2年間

書きおろし

第三章　書評という世界――資本主義とこれからの社会のゆくえ

佐々木実『宇沢弘文』「週刊読書人」、2023年3月17日、第3481号3面

西孝『いまを考えるための経済学史』「週刊読書人」、2023年8月25日、第3503号3面

吉川洋『いまこそ、ケインズとシュンペーターに学べ』「図書新聞」2009年6月13日、第2921号3面

岩井克人『マンガ 会社はこれからどうなるのか』『情況』、2023年夏号8月、第六期一巻第三号、271－273頁

橋本努『「人生の地図」のつくり方』「週刊読書人」、2024年5月24日、第3540号3面

水野和夫『資本主義の終焉と歴史の危機』『情況』、２０１９年夏号7月、「今読んでおきたい経済・経済学の本55冊」

西部忠『資本主義はどこへ向かうのか』「週刊エコノミスト」、２０１１年4月26日、第89巻第20号、52頁

伊藤誠『『資本論』と現代世界』を読む『科学的社会主義』、２０２４年 5月、第３１３号、46－56頁

第四章　書評とリプライ――『経済学の冒険』をめぐる往復書簡

経済学の世界の〈多様性〉を眺望する（栗田健一）＊『経営総合科学』（愛知大学経営総合科学研究所）、第１２１号、２０２４年3月、１２０－１３８頁

『経済学の冒険』の〈記録〉が〈記憶〉されるために（塚本恭章）＊『経営総合科学』（愛知大学経営総合科学研究所）、第１２１号、２０２４年3月、１０４－１２０頁

書評本が形成する多様性と競合の場が「経済学の冒険」を可能にする（西部忠）『情況』２０２３年秋号11月、第六期一巻第四号、２７５－２７８頁

間奏曲2　卒業生との交流から――巣立ったからこそみえる景色

Aichi University Lingua No.24（２０２４年12月、10－12頁）

第五章　経済学の宇宙へ――岩井克人「欲望の貨幣論」と経済学史

欲望の貨幣論と人間論が突きつけるもの＊『経営総合科学　神頭広好所長退職記念号』（愛知大学経営総合科学研究所）第１２０号、２０２４年3月、３４３－３６８頁

岩井「経済学の宇宙」に惹かれて＊「週刊読書人」、２０２４年3月29日、第３５３３号8面

〈岩井経済学〉その思考の軌跡を辿る（岩井克人・塚本恭章）「『資本主義の中で生きるということ』（筑摩書房）刊行を機に」「週刊読書人」２０２４年12月6日、第３５６８号1・2面

[書評] 岩井克人『資本主義の中で生きるということ』「週刊読書人」、２０２４年12月6日、第３５６８号3面

書名索引

i．索引は、「人名索引」「書名」索引の2部で構成した。

ii．配列は、読み仮名書きした50音順とし、音引きは直前の母音と同じものとして並べた。

iii．「n」は註を表わす。当該語に関して詳しい説明があるもののみを挙げた。

iv．太字は特に重要な論点となっている箇所を示す。

人名索引

塚本恭章（つかもと・やすあき）
1974年岐阜市生まれ。1996年慶應義塾大学卒、2008年東京大学大学院博士課程修了（経済学博士）。日本学術振興会特別研究員PDを経て、2011年から愛知大学経済学部専任教員。社会経済学専攻。主要著書に『経済学の冒険——ブックレビュー&ガイド100』（読書人、2023年）、『市場社会とは何か——ヴィジョンとデザイン』（共著、上智大学出版、2007年）、『マルクス理論研究』（共著、御茶ノ水書房、2007年）、『市場社会論のケンブリッジ的展開——共有性と多様性』（共著、日本経済評論社、2009年）、『世界経済危機とマルクス経済学』（共著、大月書店、2011年）、主要論文に「市場社会主義の現代的モデルの理念と方法——機会の平等主義・誘因両立性・革新的競争」（『季刊経済理論』2005年）、「資本主義をめぐる思想と理論を問い直す——新自由主義とグローバル化に対抗するオルタナティブへ」（青土社『現代思想』2018年）他。

いまこそ「経済学の冒険」を語る　本を読み、文章を書く

2025年4月22日　第1刷発行

著　者　塚本恭章

発行者　明石健五
発行所　株式会社読書人
〒101-0051 東京都千代田区神田神保町1-3-5
冨山房ビル6階
TEL.03-3244-5975　FAX.03-3244-5976
https//dokushojin.net　email:web@dokushojin.net

装　丁　水戸部功
組　版　汀線社
印刷・製本　モリモト印刷

ISBN 978-4-924671-92-8 C0033　Printed in Japan